Cornelia Zoerb • Kattmeyers Geräuscheschau

Cornelia Zoerb

Kattmeyers Geräuscheschau

Musikalische Grotesken
Mit Zeichnungen von Friderike Schnekenburger-May

FRIELING

Die Deutsche Bibliothek – CIP-Einheitsaufnahme
Zoerb, Cornelia:
Kattmeyers Geräuscheschau : musikalische Grotesken. Mit
Zeichnungen von Friderike Schnekenburger-May /
Cornelia Zoerb. – Orig.-Ausg.,
1. Aufl. – Berlin: Frieling, 2000
ISBN 3-8280-1161-6

© Frieling & Partner GmbH Berlin
Hünefeldzeile 18, D-12247 Berlin-Steglitz
Telefon: 0 30 / 76 69 99-0

ISBN 3-8280-1161-6
1. Auflage anno 2000
Umschlaggestaltung: Designbureau Di Stefano
Zeichnungen: Friderike Schnekenburger-May
Satz: Satz- und Verlagsservice Ulrich Bogun, Berlin
Sämtliche Rechte vorbehalten
Printed in Germany

Inhalt

Und in Spanien Tausenddrei 9

Alle Neune! 29

Die Singvögel der Konzertdirektion Jagemann 55

Wiedersehen mit Benedikt 77

Kattmeyers Geräuscheschau 111

Das letzte Lachen 141

Und in Spanien Tausenddrei

Dramma giocoso

Das stattliche Gebäude stand auf dem Rücken eines flachen Höhenzuges, der sich am Rand einer weiten Ebene erhob.

Schwarzer, undurchdringlicher Wald umschloß das Haus auf drei Seiten, während die Vorderfront den Blick auf eine große Stadt freigab, die sich gleichsam zu Füßen des imposanten Baues auf der Talsohle hinlagerte.

Vor Jahren war der Gebäudekomplex dunkel gestrichen worden.

Inzwischen hatte der Regen die Farbe zu unzähligen, grauen Rinnsalen ausgewaschen, die wie lange, trostlose Tränenströme zwischen den vielen Fenstern zu Boden flossen.

An einem der Fenster stand Isabella und blickte auf die Stadt hinab. Auf ihrem nicht mehr jungen, aber ebenmäßigen und immer noch schönen Gesicht lag ein leichtes Lächeln.

Nach einiger Zeit wandte sie sich ins Zimmer und trat an einen kleinen Tisch, auf dem sich ein kostbarer, goldgefaßter Spiegel befand.

Mit gemessenen Bewegungen ließ sie sich auf dem Stuhl davor nieder und betrachtete voller Wohlgefallen ihr Spiegelbild.

Das Lächeln vertiefte sich.

Ja, sie war glücklich.

Ihre fast geschlossenen Lippen murmelten das letzte Wort immer wieder vor sich hin, während mit gleichmäßig schleifendem Geräusch der Kamm durch ihr goldschimmerndes, nur von einzelnen grauen Strähnen durchzogenes Haar glitt.

Zwar mußten in Kürze die sich sanft ringelnden Locken unter dem kunstvollen Aufbau einer Perücke verborgen werden, aber das war längst Gewohnheit geworden und in Isabellas Beruf unvermeidlich. Sie genoß diese letzten Minuten der Besinnung, bevor sie sich für die Vorstellung zu schminken und umzukleiden begann.

Es fiel ihr offensichtlich schwer, sich von ihrem Spiegelbild loszureißen, und sie kostete den Anblick so lange wie möglich aus. Aber nicht nur mit ihrem Abbild war Isabella zufrieden.

Manchmal vermochte sie es kaum zu fassen, daß man sie

mit einem langfristigen und glänzenden Vertrag an dieses berühmte Haus engagiert hatte.

Endlich durfte sie Partien singen, die sie schätzte und künstlerisch bejahte!

Sie seufzte inbrünstig und schenkte ihrem Spiegelbild ein neu aufblühendes Lächeln, welches ungehindert das Glas durchdrang und sich in unergründlichen Fernen verlor, ihr Antlitz zu einer Maske gefroren zurücklassend.

Ein weiterer Gedanke ergriff von ihr Besitz, und augenblicklich wich die Starre: Welche Beruhigung, daß sie dank ihrer Gewissenhaftigkeit stets genügend Zeit zum Umkleiden behielt!

Eine gefeierte Opernsängerin wie sie kannte kaum Abscheulicheres, als Hast und Unruhe vor der Vorstellung.

Sie hatte es nie anders gehalten: Ein bis anderthalb Stunden vor Beginn der Oper pflegte sie allabendlich im Theater einzutreffen. Nur so fand sie Stille und Muße zur Entspannung, die wenig später von der Geschäftigkeit ihrer herbeieilenden Maskenbildner und Ankleiderinnen erbarmungslos vertrieben wurde.

Mit ihnen strömte unweigerlich jene prickelnde Nervosität herein, die vor jeder Vorstellung wie eine ansteckende Krankheit im ganzen Haus um sich griff.

Für Isabella begann in diesen Augenblicken der ebenso gefürchtete wie ersehnte Abschied von ihrem Ich, das anschließend die Metamorphose in die jeweilige Rolle des Abends vollzog.

Gleichzeitig wuchs in der Künstlerin eine grenzenlose Verachtung gegenüber dem gesamten Garderobenpersonal. Aus diesem Grunde traf sie ihre Vorbereitungen am liebsten allein. Das Schminken besorgte sie seit Jahren eigenhändig, und die Ankleidehelferinnen erhielten nur selten ein Wort der Anerkennung von ihr.

So mieden sie Isabellas Gemach nach Möglichkeit, und diese rief sie nur in dringenden Fällen zu Hilfe.

Ja, anspruchsvoll war die Sängerin. Sie wußte es und wollte nicht anders sein. Denn diese einfachen Alltagsseelen besaßen weder den notwendigen Takt, noch zeigten sie die leiseste Mitempfindung für die Leistung einer Bühnenkünstlerin bei ihrem abendlichen Auftritt.

Dabei ging es nicht nur um die perfekt zu bewältigende Gedächtnisarbeit, ebenso wichtig war das Durchstehvermögen der sängerischen Qualität bis zur letzten Note.

Aber erst die schauspielerische Überzeugungskraft brachte unter allerdings geradezu beseeligenden Qualen das Eins-Werden mit der Partie.

Ach, was ahnten die Menschen um sie herum von den Höhen und Tiefen ihrer Gefühle!

Die zwar gutgemeinten, aber überflüssigen und häufig kindischen Ratschläge, wenn beispielsweise ein Kostüm oder die Frisur nicht sitzen wollte, reizten ihre empfindlichen Nerven aufs schärfste.

Im Grunde kommt mir der hiesige Personalmangel äußerst gelegen – sinnierte sie und nickte mehrmals gewichtig ihrem Spiegelbild zu – wer will denn schon für ein kleines Gehalt bis tief in die Nacht hinein arbeiten? Und wo findet man heutzutage noch Idealismus außer beim Künstler? Nein, ich bin glücklich, fast immer allein zurechtzukommen, keinen von ihnen zu sehen und mir die künstlerische Hochstimmung nehmen zu lassen!

Das schleifende Geräusch des Kammes brach ab, und Isabella begann sich sorgfältig zu schminken. Sie zog beide Augenbrauen in einer geschwungenen Linie an der Nasenwurzel in die Höhe, bis ihr Gesicht auch ohne Mimik den leidenden Ausdruck annahm, der während des ganzen Abends in ihren Zügen zu dominieren hatte. Danach gab sie ihren zu schmalen Lippen die erstrebte, edle Fülle und malte schließlich drei steile Falten des Schmerzes auf die Stirn – Isabella verwandelte sich in Beethovens Fidelio-Leonore, die unter Einsatz ihres Lebens den im Kerker unschuldig dahinsiechenden Gatten Florestan retten wird – Leonore, das Ideal der treuen Gattin. Oh, wie liebte sie diese Rolle in der Beethovenschen Oper, die noch dazu ein glückliches Ende nimmt: Die Liebenden, Muster und Vorbild jeder Ehe, werden dank Leonores Befreiungstat in unendlicher Harmonie für immer vereint. Für dieses Ideal lebte und sang Isabella, ja, es bedeutete für sie die einzige Form eines Lebens, das auch sie anerkannte.

Wie hatte sich noch Kurt ausgedrückt, als sie sich nach dem furchtbaren Ereignis mit den Rosen für immer voneinander trennten?

Es war kurz vor der Don Giovanni-Aufführung, die ihr eigenes Leben schlagartig verändern sollte.

„Deine lächerlichen Bretter, die für dich die Welt, *deine* Welt bedeuten", schrie Kurt und präsentierte ihr brutal sein verdorbenes Inneres, „diese elenden Bretter rauben dir jeglichen Sinn für die Realitäten unseres Daseins, die schließlich jeder von uns durchstehen muß! Du kannst nicht verzeihen, Isabella, das ist es, was dich so unmenschlich macht!"

Sie und unmenschlich! Wie hatte er derartiges auch nur denken können!

Gewiß, sie verlangte und leistete Überdurchschnittliches, und somit war sie zugegebenermaßen übermenschlich. Aber unmenschlich!

Nicht mehr darüber nachdenken! Die Sache mit Kurt war aus und vorbei. Sie hatte inzwischen Besseres und Wesentlicheres erreicht.

Ihre vornehmste Aufgabe bestand darin, größte und reinste Gefühle in den Partien der Meister-Opern zu verkörpern und die Verwandlung vom Schein zur Wirklichkeit, zum Leben selbst, nachzuvollziehen.

Und dieser Elende hatte es gewagt, ihr Mangel an Realität vorzuwerfen!

Sie legte Schminkstifte, Watte und Cremetiegel mit leicht zitternden Händen beiseite.

Nein, sie würde nie vergessen.

Drei gescheiterte Ehen lagen hinter ihr, zu Beginn angefüllt mit überschwenglichen Hoffnungen und Idealen.

Aber jedesmal hatte der nachfolgende Sturz in den Alltag dessen Widerwärtigkeiten schonungsloser und entwürdigender enthüllt.

Ihre ersten beiden Männer waren Kollegen gewesen, Sänger wie sie. Daß sie Isabellas starke Gefühle in keiner Weise zu würdigen wußten, schien ihr bis heute unverständlich.

Aber diese rein persönliche Enttäuschung war nichts, verglichen mit dem Verrat, den beide Gatten ununterbrochen an ihren großen musikalischen Vorbildern begingen. Das Mißverhältnis zwischen ihrem gemeinen Leben und dem Höhenflug unsterblicher Kunst in den Gesangspartien, welche sie interpretierten, wurde für Isabella unerträglich.

Das Zerwürfnis mit Rolando, dem ersten Mann, war ernst und dramatisch verlaufen. Immerhin hatte er die Trennung von ihr nicht als Lappalie empfunden.

Aber wenn sie an das belustigte Staunen Michaels dachte, als er im Verlauf des epische Dimensionen annehmenden Streites mehrmals ausrief: "Nun bleib auf dem Teppich, Isabella! Was hast du denn erwartet? Jeder normale Mann ist polygam! Bleib auf dem Teppich, Kind!" stieg noch heute würgende Übelkeit in ihr hoch.

Als Krönung und Abschluß seiner erbärmlichen Argumentation warf sich dieser Schmierenkomödiant in einen Sessel und stieß ein wieherndes Gelächter aus, die ekelhafte Ratte!

„Du hattest wohl gehofft, aus mir einen ewigen Romeo zu machen oder mich gar in den teuren Gemahl Florestan aus Deiner Lieblingsoper „Fidelio" zu verwandeln! Nee, meine Liebe, das ist bei mir nicht drin!"

„Ein widerlicher Don Juan bist du, eine Fratze unseres Berufes, unseres künstlerischen Auftrages!" Angeekelt hatte sie sich abgewandt.

Damals war erstmalig der Gedanke in ihr aufgekeimt, was sie zu tun hatte, um die Kunst zu reinigen.

Im Gegensatz zu den vorangegangenen Partnern war ihr dritter Mann ein erfolgreicher Geschäftsmann und enthusiastischer Opernbesucher.

Er betete Isabella über mehrere Jahre aus der Ferne seines Logensitzes an und überschüttete sie unermüdlich mit Aufmerksamkeiten. Anfänglich scheinbar hoffnungslos und ohne jede Aussicht auf Erfolg.

Aber als die giftig-grellen Farben von Isabellas zweiter Ehe zu verblassen begannen, wuchs ganz langsam ein neues, zartes Pflänzchen der Zuneigung, das mit den kostbaren Orchideen und Rosensträußen des Geschäftsmannes Kurt kaum etwas gemein hatte, in ihrem Herzen.

Bestand die Möglichkeit, daß ein Außenstehender, ein Nicht-Musiker, tieferes Empfinden besaß als alle ihre Sängerkollegen, bei denen jedes echte Gefühl in Routine erstarrt und abgestorben war? Konnte dieser Mann vielleicht ausersehen sein, alle Vorbedingungen für eine makellose Ehe in sich zu vereinen? Würde ihr Ideal einer grenzenlosen Liebe ohne Zugeständnisse durch ihn endlich zur Realität gelangen?

Immer wieder zweifelte sie, aber ihre Hoffnung wuchs unaufhaltsam.

Das dritte Mal heiratete sie in aller Stille. Sie wollte kein Aufsehen und keine unaufrichtigen Glückwünsche ihrer Freunde und Kollegen.

Und beinahe fühlte sie Erleichterung, als allmählich Kurts Rosensträuße seltener wurden.

Sie hielt es für eine Verinnerlichung seiner Liebe, die den äußeren Schein nicht mehr nötig hatte.

Eine kurze Zeit schwelgte Isabella in Glück und Wonne. Das war in den Monaten, als Geschenke und Blumen völlig ausblieben. Aber ganz plötzlich begannen seine Aufmerksamkeiten wie früher Wohnung und Garderobe zu füllen.

Sie vermochte zwar eine natürliche Freude darüber nicht zu unterdrücken, ebensowenig jedoch das leise nagende Unbehagen.

Dennoch kam der Schlag unerwartet.

Und keine sogenannte liebe Kollegin holte dazu aus, sondern die scheinbar harmlosen Auslassungen einer ihr unbekannten, redseligen Blumenverkäuferin in einem von Isabella zufällig aufgesuchten exklusiven Geschäft am anderen Ende der Stadt, zerstörten alles.

„Oh, welche Überraschung. Mein Traum, Sie persönlich kennenzulernen! Wenn *Sie* singen, bin auch ich in der Oper! Selbst wenn ich dafür stundenlang an der Kasse Schlange stehen muß! Ich werd' verrückt! Ist es sehr unverschämt, Sie um ein Autogramm zu bitten? Wissen Sie, ich sammle Unterschriften von Berühmtheiten, aber ich hätte nie gewagt, Sie deswegen in Ihrer Garderobe zu belästigen!"

Geschäftig eilte die Blumenfrau in den Hintergrund des Ladens und brachte, unaufhörlich redend, ein in Leder gebundenes Buch herbei.

„... da ist doch dieser gutaussehende Herr, seinen Namen weiß ich nicht, der bestellt immer bei mir die tollsten Sträuße, jedesmal zwei gleiche, entweder Orchideen oder Rosen, unter dem tut er's nicht, und nach dem Preis fragt er niemals. Ein wirklich vornehmer Herr! Na, Sie wissen ja Bescheid!

Sie bekommen doch jedesmal einen von den Supersträußen! Was wollte ich noch ... ach so, das Autogramm. Von der anderen Dame habe ich bereits eins. Mein Sohn hat es mir besorgt. Willi geht oft ins Schauspiel und stürmt ohne Hemmungen mir nichts, dir nichts, nach der Vorstellung ins Künstlerzimmer und holt sich eine Unterschrift. Aber wissen Sie, an *Ihrem* Autogramm liegt mir bedeutend mehr, Schauspielerinnen sind nicht mein Fall, obwohl die andere Dame auch sehr berühmt sein soll. Ach ja, das wollte ich noch erzählen: als der Herr das letzte Mal kam und wie üblich zwei Sträuße verlangte - „den einen ins Schauspiel für Magda Matishek, den anderen in die Oper zu Frau Isabella", genauso redet er von Ihnen, weil er weiß, wie sehr auch ich Sie verehre – also da hab ich mir ein Herz gefaßt und gefragt, ob er mir nicht ein Autogramm von

Ihnen beschaffen könnte? Ich weiß, es war dreist, einfach einen Kunden zu belästigen. Er hat auch sofort abwehrend beide Hände gehoben. Kein Wort hat er gesagt – und weg war er!

Ich konnte ihm nicht mal den Zehner auf seinen Hundertmarkschein zurückgeben, es war mir äußerst peinlich!"

Der Wortschwall der überschwenglichen Seele versickerte endlich, und sie schlug einladend das ledergebundene Buch mit den vielen Unterschriften auf.

Aber Isabella sah nur auf die letzte Eintragung, die kraftvolle Handschrift der Matishek, eine der bekanntesten Charakterdarstellerinnen ihrer Zeit.

An ihren fluchtähnlichen Abgang aus dem Geschäft erinnerte sich Isabella später kaum. Die Blumenfrau hatte irgendetwas hinter ihr hergerufen, aber Isabella konnte und wollte nichts davon verstehen.

Ihre Gedanken kreisten nur um das eine: seinen Verrat, nun auch *seinen* Verrat!

Am wenigsten begriff sie, wieso Kurts plötzlich erwachtes Interesse für das Schauspiel sie nicht schon eher hellhörig gemacht hatte.

Im Gegenteil, sein wachsender künstlerischer Horizont erfüllte sie mit Freude! Nicht einmal die Zunahme seiner angeblichen Geschäftsreisen wurde für sie zum Warnsignal.

Ausnahmsweise traf sie bei der Rückkehr aus dem Blumengeschäft ihren Mann zu Hause an. Er saß zusammengesunken in einem Sessel und lauschte hingebungsvoll der Bandwiedergabe eines Shakespeare Dramas. Auf dem Flügel stand sein letzter Rosenstrauß und erfüllte den Raum mit Wohlgeruch.

Auch von den nun folgenden Geschehnissen waren ihr verständlicherweise viele Einzelheiten entfallen.

Nur der Anblick von dreißig zertretenen roten Blüten, die auf ihrem blauen chinesischen Seidenteppich wie in einem riesigen See schwammen, aus dem zahllose Splitter der kostbaren Glasvase sie bösartig anglitzerten, blieb für immer in ihrem Gedächtnis haften.

Nach der dritten Scheidung heiratete sie nicht noch einmal.

Wie hätte sie je wieder einem Mann und seinen erbärmlichen, vorgetäuschten Gefühlen Vertrauen schenken können!

Noch während die verstümmelten Rosen in dem blauen Meer der Tränen zwischen den eisnadelspitzen Scherben um sie herumschwammen, faßte die Sängerin einen Entschluß, der ihr tiefste künstlerische Befriedigung bescherte, und dessen geglückte Ausführung den Gipfel ihrer Laufbahn bedeutete.

Vor diesem Höhepunkt verblaßten ihre drei gescheiterten Ehen zur Unwirklichkeit.

Wie das Leben überhaupt immer unwichtiger wurde und zur Bedeutungslosigkeit herabsank.

Die Wirklichkeit existierte einzig und allein in der Kunst selbst. Nur deren vollkommene Interpretation vermochte die Größe aller Gefühle und Leidenschaften vor Zerstörung und Mißbrauch zu bewahren.

Bei Isabellas hohem Wertmaßstab interessierten sie verständlicherweise nur die bedeutendsten, häufig tragisch endenden Musikwerke, in denen jegliche Schuld, jeglicher Frevel und Verrat mit dem Tode bestraft wird.

Denn in der Welt der dramatischen Oper kennt man keinen Kompromiß. Dort gibt es nur Gut oder Böse, und am Ende wird das Böse ausgelöscht.

Wohl den meisten, musikinteressierten Menschen ist bekannt, daß Mozarts „Don Giovanni" zu den beliebtesten Werken der Opernliteratur gehört.

Auch Isabella schätzte dieses Werk sehr. Genauer gesagt: die Musik. Mit dem Inhalt dagegen hatte sie stets gehadert, obwohl die Handlung von atemberaubender Spannung ist; prall angefüllt mit Menschen aus Fleisch und Blut, edlen Gefühlen und schlechten Taten. Die Oper beginnt mit dem brutalen Totschlag des Edelmannes Don Giovanni an dem Vater Donna Annas, dem gewaltigen Komtur, der seine von dem Wüstling in ihrer Ehre beleidigte Tochter rächen will. Don Giovanni ersticht den Vater, als der sich ihm in den Weg stellt. Sein Tod muß zwar als Folge dieses von Giovanni anfänglich sogar abgelehnten Duells angesehen werden, aber für Isabella ist und bleibt die Tat glatter Mord.

Weitere Untaten häufen sich, für welche die verderbte Welt allerdings kaum einen Sühnetod fordern würde.

Es folgt die peinliche Aufzählung der widerwärtigen Liebesabenteuer durch den Diener und Helfershelfer Leporello, der in seinem berüchtigten „Leporello-Album" genauestens Buch führt über alle Affären seines verdorbenen Herrn.

„ ... und in Spanien Tausendunddrei ..." singt Leporello grinsend, und jeder weiß, was er damit meint.

Der Moloch Publikum pflegt stets beifällig zu diesen Gemeinheiten zu lachen und hat den soeben vollbrachten Mord des Verruchten anscheinend bereits vergessen.

Schon immer hat Isabella zutiefst bedauert, daß die sogenannte Registerarie des Leporello eines der populärsten Musikstücke überhaupt ist.

Aber diese bedeutet beileibe nicht das Ende der Geschmacklosigkeiten, mit denen Mozart bedauerlicherweise seine göttliche Musik belastet hat.

Zum Beispiel wird Donna Elvira, eine von Don Giovannis verlassenen Geliebten, höhnisch verspottet. Herr und Diener amüsieren sich köstlich über die Arme. Für sie ist die Bedauernswerte nichts als eine lächerliche, alte Jungfer, welche es wagt, den äußerlich leider so glanzvollen Mann zur Rede zu stellen.

Gewiß, der Edelmann nimmt ein schreckliches Ende. Aber erst ganz am Schluß der Oper holt der todbringende Geist des ermordeten Komturs den Frevler aus dem Leben.

Endlich stirbt Don Giovanni, aber er stirbt ohne Reue und steht bis zum letzten bitteren Augenblick zu seinen Untaten.

Und nicht nur das.

Die Nachwelt feiert ihn auch heute noch wie einen Helden.

Ein Bösewicht und gleichzeitig ein Held? Dieser Mörder, Wüstling und Lüstling als große, bewunderte Figur der Opernliteratur?

Isabellas Gesicht verzerrt sich.

Selbst ihr musikalischer Abgott Mozart schreckte nicht davor zurück, seine Oper mit dem Untertitel „Dramma giocoso" – „spielerisch-heiteres Geschehen" – zu versehen und das Böse in der frechen Maske eines Lieblings aller Frauen zu verniedlichen!

Aber hatte nicht auch Mozart ein beklagenswert sündhaftes Leben mit zahlreichen, leichtsinnigen Amouren geführt?

Isabella mochte gar nicht darüber nachdenken, sollte er nicht von seinem Thron stürzen!

Sie ballte ihre kleinen, kräftigen Hände zu wütenden Fäusten, mit denen sie einen rasenden Wirbel auf der Tischplatte schlug, während sich zwischen die drei aufgeschminkten, schwarzen Schmerzensfalten eine zusätzliche, tiefe Furche, die aus keinem Schminktopf herrührte, in ihre hohe, weiße Stirn grub.

Hatte vielleicht Mozart selbst in einem verborgenen Winkel seines Herzens den letzten Endes von ihm geschaffenen Verbrecher heimlich bewundert?

Welch furchtbarer Gedanke!

Nur sehr widerstrebend verschwand die steile Furche von Isabellas Stirn.

Ein schwer deutbares Lächeln breitete sich wie fahle Wintersonne auf ihrem Gesicht aus, als sie an damals dachte, an den atemberaubenden Höhepunkt ihrer Bühnenlaufbahn, an die große Don-Giovanni-Aufführung, den unvergeßlichsten Abend ihres Lebens. Aber erst, nachdem die kurz darauf einsetzenden und anscheinend unvermeidlichen Verhandlungen mit den häßlichen Verdächtigungen vorüber waren – es gab tatsächlich Menschen, die an der Lauterkeit ihrer Handlung zweifelten! - errang sie ihren endgültigen Sieg durch die ruhmreiche Berufung an dieses illustre Haus.

Ungezählte Freunde und Kollegen hatten ihr persönlich gratuliert. Sie entsann sich, daß sogar Kurt ihr nach der großen Entscheidung die Hand geschüttelt hatte.

Leider konnte sie es nicht verhindern. Völlig überraschend stand er vor ihr, Tränen in seinen Augen, der niederträchtige Heuchler!

Auch die Sänger ihres damaligen Opernensembles hatten sie umringt und beglückwünscht, bis oben angefüllt mit Neid.

In dem erbarmungslosen Konkurrenzkampf unter den Bühnenkünstlern waren Neid und Mißgunst an der Tagesordnung, aber sie durchschaute längst alle ihre Machenschaften und glaubte keinem mehr. Welche Freude, die kleinlichen, unwürdigen Gefühle dieser Menschen von nun an hinter sich zu lassen und nur noch Verachtung für sie zu hegen!

Ganz allein hatte sie den Gipfel des Ruhmes erklommen. Jede Höhe bringt Einsamkeit mit sich, und ihr Einzug in dieses Haus war in der Tat ein Gipfel, auf dem kein Konkurrent mehr neben ihr Platz hatte.

An diese großartige Bühne wurde sie durch einen Vertrag gebunden, der es ihr erlaubte, nur die von ihr selbst ausgewählten Rollen zu verkörpern.

Allerdings befanden sich unter den bedeutenden Opernpartien nur einige wenige, die sie restlos befriedigten. Fidelio-Leonore war und blieb ihre Lieblingsrolle.

Ein kleiner Wermutstropfen trübte einzig ihre Seligkeit: Wie gern hätte sie noch einmal die Partie der Donna Anna in Mozarts Giovanni gesungen!

Aber offenbar hatte man hier aus einem ihr unbekannten Grunde sämtliche Mozart-Opern vom Spielplan verbannt.

Nun, schließlich war die Rolle der unglücklichen Anna von ihr an die hundertmal interpretiert worden. Aber nur die letzte Aufführung blieb für sie unvergeßlich. Im Verlauf dieser Nacht avancierte Isabella von einer lokalen Berühmtheit zur Weltklasse und stieg als strahlender Meteor am Bühnenhimmel empor.

Nie wieder konnte eine Opern-Aufführung eine derartige Bedeutung erreichen!

Trotzdem oder gerade deshalb hätte sie viel darum gegeben, noch ein einziges Mal die Partie zu singen. Aber vermutlich war es selbst dem engstirnigen Direktor dieses Hauses klargeworden, daß eine solche Sternstunde der Kunst sich nicht wiederholen ließ.

Von Zeit zu Zeit machte Isabella nichtsdestotrotz eine schriftliche Eingabe an die Direktion und forderte, Mozarts Oper unverzüglich wieder in den Spielplan aufzunehmen.

Jedesmal erhielt sie eine abschlägige Antwort, höflich aber bestimmt. Sie hatte sogar schon deswegen gekündigt. Auch das wurde abgelehnt: man könne sie nicht entbehren, außerdem arbeite sie unter einmalig günstigen Bedingungen.

Isabella lächelte selbstbewußt. War es ein Wunder, daß man sie nicht fortlassen wollte, seit sie zur Weltelite gehörte?

Keine Zeitung von Rang hatte damals versäumt, ihren Namen groß aufgemacht zu bringen!

Manchmal hätte sie toben und schreien können vor Verzweiflung, weil sie den Triumph dieser Vorstellung nicht wiederholen durfte. Stattdessen mußte sie sich damit trösten, Abend für Abend in ihrer geliebten Rolle als Fidelio-Leonore aufzutreten.

Isabella seufzte und wandte sich zur Tür.

Wo blieb die Garderobiere? Eine unzuverlässige Person, vor allem in letzter Zeit!

Gut, sollte sie wegbleiben.

Isabella griff nach dem bereitliegenden Gewand, und ihre Hände mühten sich ungeschickt, Knöpfe und Haken zu schließen, nachdem sie es über den Kopf gestreift hatte.

Wie wundervoll schlank sie geworden war! Gab es auf der Bühne Unglaubwürdigeres, als eine übergewichtige Leonore, die sich nach ihrem eingekerkerten und dem Hungertode nahen Gatten sehnt?!

Sie kicherte.

Ihre Perücke. Die Knabenperücke mit dem kurzen Haar. Wo steckte das Ding bloß?

Hastig schaute sie auf die Uhr. In zehn Minuten begann die Vorstellung. Alleine schaffte sie es nicht mehr.

Nervosität überfiel sie und verstärkte die Unsicherheit ihrer Bewegungen.

Die Klingel. Wo befand sich doch die Klingel, mit der sie das Ankleide-Personal herbeirufen konnte?

Ach ja, natürlich links neben der Tür, gleich unter dem Lichtschalter! Suchend tasten ihre Hände die Wand ab und streifen dabei versehentlich den Schalter.

Die Beleuchtung erlischt. Schwarze Nacht umgibt sie.
Sie schreit gellend. Alles, nur keine Dunkelheit.

Sie findet den Schalter wieder, und das Licht kommt zurück. Versteinert starrt sie auf die Wand, denn unter dem Lichtschalter gibt es keinen Klingelknopf.

Mit einer fahrigen Bewegung streicht sie mit beiden Händen über ihr langes Haar. Auf der Stirn bilden sich kleine Schweißperlen. Hilflos wenden sich ihre Augen von der Wand ab und irren ziellos suchend über den Tisch.

Der Einfall überkommt sie ganz plötzlich.

Wozu benötigt sie eine Perücke?

Sie wird ihr schönes, blondes Haar opfern und abschneiden, um sich überzeugend in den männlichen Gehilfen „Fidelio" zu verwandeln. Auf diese einfache Weise kann sie Kerkermeister Rocco wirkungsvoll über ihr Geschlecht täuschen.

Aber dazu braucht sie dringend eine Schere.

Wieder beginnt das fieberhafte Suchen.

Im ganzen Raum findet sie keine Schere.

Diese übertriebene Sparsamkeit der Bühnen-Verwaltung ist unerträglich!

Dabei gibt es ständig Kleinigkeiten an ihrer Garderobe zu ändern!

Auch jetzt ist das Kleid schon wieder zu weit!

Sie wird sich beschweren, und zwar sofort!

Erst entfernt man die Klingel an der Tür, ohne sie zu verständigen, und jetzt ist nicht eine einzige Schere zur Hand!

Aber sie gibt nicht auf.

Warum nimmt sie kein Messer? Tut nicht ein Messer, ein scharfes Messer, denselben Dienst?

Wo steckt nur das Messer? Es muß doch noch irgendwo herumliegen!

Warum ist auch das Messer fort?

Es *muß* da sein!

Genau wie damals!

Wie lange ist das jetzt her?

Zehn, zwanzig Jahre, oder länger?

Sie vermag sich nicht präzise zu erinnern.

Unwichtig.

Die Zahl der Jahre ist unwichtig.

Nur das Ereignis selbst zählt.

Von der knapp fünfzehn Minuten währenden Aufführung, *ihrer* Aufführung, sitzt auch heute noch jede Sekunde tief eingegraben in ihrer Erinnerung fest:

Gleich zu Beginn der Oper stürzt Donna Anna, vormals Isabella, von dem Wüstling Don Giovanni tödlich beleidigt, aus dem väterlichen Haus und ruft verzweifelt um Hilfe.

Sofort erscheint entsetzt und rachedurstig ihr Vater, der Komtur, wie die Regie es vorschreibt.

Es folgt das berühmte Duell – nein, nein, der *Mord* – und der Komtur wird von Giovanni erstochen.

Aber dann kann Isabella nicht länger mehr warten. Unmöglich kann sie drei qualvolle Stunden auf das Ende der Oper warten.

Diesmal fühlt sie sich außerstande, Don Giovannis Theatertod dem rächenden Geist des Komturs zu überlassen.

Unter dem weiten, linken Ärmel ihres Gewandes hält sie das verborgene Messer bereit. Ungezählte Male hat sie geübt, mit dem vierten und fünften Finger der Linken den Griff fest zu umklammern, bis es ihr keine Schwierigkeiten mehr bereitet, sich trotzdem natürlich zu bewegen

Aber das von ihr so sehnlichst erwartete, triumphierende Aufblitzen des Dolches in ihrer rechten Hand erlebt sie nur noch wie eine Zuschauende.

Hoch aus der Luft herabsausend, stößt das Messer zu, immer wieder, und während Don Giovanni zu Boden taumelt, beobachtet sie voller Genugtuung, wie sein Gesicht in rasend wechselnder Folge die verzerrten Züge ihrer drei Ehemänner annimmt.

Aber es ist Don Giovanni, der da vor ihr auf der Erde liegt - nicht Rolando, nicht Michael, nicht Kurt.

Don Giovanni liegt vor ihr, nur Giovanni ist wichtig, die Kunst ist wichtig, die sie von einem Unhold befreit hat.

Nicht eine Sekunde länger durfte er leben, um seine Untaten weiter zu verüben!

Eine grenzenlose Freude überfällt sie. Gebannt starrt sie in das Antlitz des sterbenden Sängers, dessen weitaufgerissene Augen in fassungslosem Staunen auf sie gerichtet sind.

Wo ist das Messer geblieben? Hat man wirklich gewagt, es ihr fortzunehmen?

Oder war es gar kein Messer, das tief in Giovannis Herzen stak, sondern nur ein langer, spitzer Splitter der zerbrochenen Vase, die einstmals Kurts Rosen enthielt?

Isabellas Stirn überzieht sich mit ungezählten Fältchen der Unsicherheit. Sie beginnt nachzudenken, angestrengt und hoffnungslos.

Allmählich verlassen sie Hast und Erregung.

Mit schleppenden Schritten tritt sie zu dem vergitterten Fenster, an dem sie Tag für Tag auf die Abendvorstellung wartet und mit leerem Lächeln viele Stunden verbringt.

Ihr Blick verliert sich durch die rostigen Stäbe bis hin zu der Stadt im Tal, wo in diesem Augenblick wieder eine glanzvolle Opern-Aufführung zu Ende geht, beifallsumtost von einer begeisterten Menge, die in dem Werk nicht nur Mozarts unvergängliche Musik verehrt, sondern jenseits von Isabellas haßerfüllter Welt bereit ist, einem großen Frevler zu vergeben und leichten Herzens zu lieben den unsterblichen, ewigen Mann

DON GIOVANNI.

Alle Neune!

Professor Eugen Malincrott hatte es satt.

Seit nunmehr dreißig Jahren feierte ihn die Welt als einen ihrer größten Dirigenten.

Malincrotts soeben erwähnte Übersättigung bezog sich allerdings keineswegs auf den damit verbundenen Ruhm.

Oh nein. Er hatte ganz einfach Beethovens Sinfonien satt.

„Alle Neune!" pflegte er zu lästern, wenn er unter Freunden ein Gläschen zu viel getrunken hatte. Das geschah nur sehr selten, da er sich verpflichtet fühlte, der Welt unentwegt seine Hochform zu präsentieren.

Konnte er nachts einmal nicht schlafen, dachte er häufig und gern über seine Persönlichkeit nach, die er sehr hoch einschätzte.

Er stellte dann Vergleiche zwischen sich und dem längst verstorbenen Toscanini an, wobei letzterer regelmäßig recht schlecht wegkam. (Lebende Dirigenten zählten für ihn nicht zur Konkurrenz.)

Negative Gedanken gestattete er sich nur selten, da sie ebenfalls seiner Top-Form schadeten.

Nach solchen Augenblicken der Schwäche straffte er seine Schultern, warf den imposanten Künstlerkopf in den Nacken und schaltete seinen Denkapparat wieder auf positiv.

In letzter Zeit gelang ihm das eigentümlicherweise nicht mehr so rasch wie früher, und sein Gehirn fiel alsbald in düsteres Brüten zurück.

Und es kam der denkwürdige Tag, an dem der Dirigent, kurz vor dem Aufbruch zu einem Konzert, der Stille seines Hotelzimmers laut und deutlich mitteilte: „Ich habe die ganze Musik satt!"

Glücklicherweise war niemand zugegen, dieses entsetzliche Eingeständnis zu vernehmen.

Aber am Abend desselben Tages brach es zum zweiten Mal aus ihm hervor, und das geschah weder im Kreise guter Freunde noch in der sterilen Stille seines Hotelzimmers.

Der Skandal ereignete sich nach dem Ende des Konzertes an

einer üppigen Festtafel, um welche die erlauchtesten Häupter der Stadt versammelt saßen.

Am Kopfende thronte, wie es ihm zukam, Eugen Malincrott.

Er hatte kaum mehr als ein Glas Wein genossen. (Die anwesenden Pressevertreter stritten sich später um die Zahl eins oder zwei.)

Wie dem auch gewesen war: eine darauf abzielende Entschuldigung konnte keineswegs in Betracht gezogen werden.

An diesem Abend hatte Malincrott unter anderem die fünfte Sinfonie von Beethoven dirigiert. Das Publikum zeigte sich, wie erwartet, pflichtschuldigst hingerissen.

Der Bürgermeister, ausnahmsweise ein Verehrer der „klassischen Muse" und begeisterter Konzertbesucher, schüttete über dem illustren Gast die üblichen Ehrenbezeugungen aus, die in Gestalt abgedroschener Phrasen zweifellos aus einem ehrlichen Herzen kamen, deshalb aber nicht weniger unglaubwürdig klangen.

Malincrott verachtete derlei Ansprachen, wenn auch kaum wegen ihrer schwülstigen Einfallslosigkeit.

Er hatte sie einfach zu oft gehört.

Bürgermeister Dr. Hastermann schloß seine Ansprache mit den Worten: „Ich glaube im Namen aller zu sprechen, wenn ich behaupte, daß wir *seit Jahren* nicht ein so eindrucksvolles Konzert miterleben durften!"

(Warum sagt er nicht: ... noch *niemals* ein solches Konzert miterleben durften ... dachte der Dirigent mißmutig und langweilte sich.)

„Wie glücklich muß es Sie machen, verehrter Herr Professor, durch Ihr begnadetes Genie der Menschheit solch eindrucksvolle Stunden zu bescheren!" konnte sich Dr. Hastermann nicht enthalten hinzuzufügen.

Es fiel ihm stets schwer, seine Reden zu beenden, und er blickte bewegt vor sich nieder.

Brausender Beifall der Anwesenden belohnte seine Bemühungen.

Danach trat Stille ein, und alle warteten gespannt auf des Dirigenten Erwiderung.

Malincrott hob sein mächtiges, weißes Haupt.

„Bä-bä-bä Bäääää!" krächzte er und räusperte sich.

(Bei der Wiedergabe der „Bääääääs" ist vom Vorlesenden dieser Erzählung streng darauf zu achten, das letzte langgezogene „Bäääää" zwei Töne tiefer anzustimmen; Musikkenner wissen, daß es sich dabei um das Intervall einer großen Terz handelt. Anm. d. Verf.)

Leider sollte der Malincrottsche Gesangsvortrag nichts anderes darstellen, als den Beginn der „Fünften", Beethovens sogenannter „Schicksals-Sinfonie."

An der Festtafel saßen ausschließlich Besucher des Konzertes, und alle starrten entgeistert auf des Dirigenten Mund, dem diese geradezu gotteslästerliche Entstellung eines der bedeutendsten Musikwerke entwichen war.

Man hätte die Darbietung allenfalls als Augenblicksentgleisung einer überreizten Künstlernatur entschuldigen können, wenn damit der Ausbruch beendet gewesen wäre.

Aber leider muß berichtet werden, daß sich auf des Dirigenten Gesicht ob seines Schockerfolges ein selbstzufriedenes, breites Grinsen zeigte, und schon trällerte er weiter:

„Bä-bä-bä   bääää   bä-bä-bä   bääää   bä-bä-bä Bääääääääääääää!"

(Leider ist es nur Kennern der Sinfonie vergönnt, die vorangegangene visuelle Darstellung tonlich einwandfrei wiederzugeben.)

Malincrott fuhr in seiner Persiflage nicht nur fort, sondern begann zusätzlich auf seinem Stuhl rhythmisch auf- und abzuhüpfen.

Plötzlich sprang er mit beachtlicher Behendigkeit auf seinen Stuhlsitz und führte mit wildwedelnden Armen über die Köpfe der fassungslosen Gesellschaft hinweg ein Karikatur-Dirigat seiner selbst aus.

Dazu schnitt er die gräßlichsten Fratzen, wodurch die Wirkung seines inzwischen immer mißtönenderen Gesangs in der unangenehmsten Weise erhöht wurde.

Innerhalb der nächsten Minuten verließen sämtliche Teilnehmer der Tafelrunde fluchtartig den Raum.

Bürgermeister Dr. Hastermann eilte als der Beherzteste zum nächsten Telefon und rief einen Arzt herbei.

Vielleicht das Unerklärlichste an dem ganzen, folgenschweren Skandal war die Diagnose des Mediziners. Dieser behauptete doch tatsächlich, Eugen Malincrott sei so kerngesund, wie ein Musiker nur sein könne.

Die in aller Eile von Malincrotts verstörtem Manager herbeigeholten Freunde schafften es mit vereinten Kräften, die unwürdige Arzt-Aussage erfolgreich in einen schweren Nervenzusammenbruch umzuwandeln.

Anschließend wurde es möglich, die beunruhigte Welt unverzüglich mit detaillierten Sanatoriumsberichten, die von der reichen Fantasie ihrer Verfasser zeugten, zu versorgen.

In Wahrheit verbrachte Malincrott die folgenden Wochen in seiner prächtigen Villa im Allgäu und fiel seiner Familie auf die Nerven. Diese setzte sich aus einem schwarzen Pudel, einer Schildkröte, seiner Gattin und einem Koalabären aus Australien zusammen. Für das possierliche Zwergbärchen war eigens ein Gärtner angestellt, um für das Tier genau die vier der dreihundertsiebzig Eukalyptusarten, deren Blätter es ausschließlich vertrug, in einem Treibhaus zu züchten.

Der Bär, aus unerfindlichen Gründen auf den Namen „Cousine" hörend, lief frei im Haus umher und erkletterte seiner Natur gemäß alles, was es in seines Herrn Besitz zu erklettern gab.

Cousine war das einzige Geschöpf auf der Welt, das Malincrott außer sich selbst liebte. Seine Gattin nahm er wohl oder übel in Kauf, da sie ihn pflichtgemäß umhegte und umpflegte, Pudel und Schildkröte bedeuteten ihm so gut wie nichts.

Auch die Liebe zu dem Pelztier hätte er auf Befragen keinesfalls zugegeben, und er pflegte Cousine voller Vergnügen zu schikanieren, falls Cousine nicht dasselbe mit ihm tat.

Dem Koalabärchen oblagen gewisse Pflichten und Aufgaben im Haus, denen es mit großer Wichtigtuerei nachkam.

Darunter füllte eine ganz bestimmte und sehr schwierige Tätigkeit Cousines Dasein bis zum Rande aus.

Malincrotts Leidenschaft war das Kegeln. Zwar konnte man in keiner Illustrierten darüber nachlesen, da eine derartige Sportart von seinen Agenten als zu primitiv für einen so großen Musiker abgelehnt und vertuscht wurde.

Dagegen fand sich das australische Tier des öfteren publizistisch erwähnt und abgebildet, was Cousine verständlicherweise sehr schmeichelte.

Sie besaß ein sonniges, sorgloses Naturell und liebte es außerordentlich, wenn ihr Gebieter in der Kegelbahn mit Getöse seinem heimlichen Hobby frönte.

Cousines sehr schwierige Aufgabe bestand nun darin, blitzschnell aus ihrer sicheren Ecke, in der sie ängstlich, aber erwartungsvoll kauerte, hervorzuhüpfen und die Kegel wieder aufzustellen.

Gewiß, Cousines Geisteskräfte waren vielleicht nicht überragend, aber das Aufstellen der Kegel beherrschte sie vorzüglich, dabei pedantisch und genau verfahrend.

Als einziges mißlang ihr bisweilen die Aufstellung des Kegelkönigs, der bekanntlich in die Mitte gehört.

Leider übersah Cousine dies ab und an.

In seiner exzentrischen Art pflegte Malincrott den Kegel-König stets als „Die Neunte" zu bezeichnen.

Ich vergaß zu berichten, daß Cousine nicht nur ein feines musikalisches Empfinden, sondern auch beachtliche Musikkenntnisse besaß. (Kein Wunder bei solch einem Herrn!) Und wenn der Professor begann, aus Beethovens „Neunter" den Schluß-Chor „Freude schöner Götter Funken" schrill vor sich hinzupfeifen, wußte das Bärchen sogleich, daß es die richtige Aufstellung verpatzt hatte und eilte geschäftig herbei, um den

Fehler zu berichtigen. Befand sich Cousine allerdings in unguter Stimmung, eilte sie keineswegs herbei, sondern muffelte in ihrer Ecke herum und knabberte lustlos an einem Eukalyptusblatt. (Sie war außerordentlich leicht gekränkt).

Malincrott wurde dann regelmäßig von großem Zorn ergriffen, da er grundsätzlich nicht kegelte, wenn „Die Neunte" in der Mitte fehlte.

Und es trat die bereits erwähnte Situation ein, in der sich beide gegenseitig schikanierten:

Malincrott rollte unter wüstem Geschimpfe die Kegelkugel in Richtung des flüchtenden Tieres, und Cousine reizte ihren Herrn zur Weißglut, indem sie erst im letzten Moment lässig der Kugel auswich, um die Zeit bis zum nächsten Wurf boshaft damit zu verbringen, wertvolle Einrichtungsgegenstände (wie Vorhänge, Lampen etc.) zu demolieren, so gut ihr dies bei ihrem harmlosen Wesen gelang.

Soweit Malincrotts Privatleben.

Über seine Gattin ist nicht viel zu berichten. Sie behauptete selbstverständlich, ihren Gemahl inklusive seiner Kunst unsäglich zu lieben. Über Malincrotts Gefühle in dieser Hinsicht ist so gut wie nichts bekannt.

Er hatte keine Zeit darüber nachzudenken und glaubte schließlich den illustrierten Blättern, die der staunenden Mitwelt immer wieder versicherten, daß seine Ehe vorbildlich sei.

Im Augenblick – will sagen, nach dem Eklat bei der Festrunde – waren sämtliche Angestellte von „Villa Friede" damit beschäftigt, das Malincrottsche Besitztum rund um die Uhr zu bewachen und jedem neugierigen Besucher, Reporter, Verehrer und sogar den Freunden zu erklären, der Professor sei nicht anwesend und schon gar nicht zu sprechen. Dennoch vernahmen hartnäckige und wohlinformierte Eindringlinge aus dem Anbau deutlich das Rollen einer Kegelkugel, und in regelmäßigen Abständen sogar des Professors Stimme, die in gröhlendem Triumph schrie: „Alle Neune ... können mich mal!"

Auf ihr drängendes Befragen wurde ihnen vom Personal kalt erwidert, alle diese Behauptungen seien unwahr, indem Herr Professor niemals derartige Ausdrücke benutze und noch viel weniger je in seinem Leben die Tätigkeit des Kegelns ausgeübt habe.

Diese schroffen Zurückweisungen stießen die Neugierigen so gründlich vor den Kopf, daß sich binnen einer Woche das Grundstück von zudringlichen Beobachtern leerte.

Nur eine einzige Person überdauerte alle.

Da die Zeiten vorüber sind, in denen der Leser bis zur letzten Seite im Ungewissen über die Identität solch meist problematischer Erscheinungen gelassen wurde, sei ihr Name, Beruf und Vorhaben sogleich aufrichtig preisgegeben: Es handelte sich um niemand Geringeren als den ebenfalls sehr bekannten und berühmten Dr. med. Ernst Allweg, Facharzt der Psychiatrie.

Er war ein enger Freund jenes Arzt-Kollegen, der nach Malincrotts sogenanntem Zusammenbruch als erster gerufen wurde und natürlich nichts Eiligeres zu tun hatte, als Freund Allweg seine wahre Meinung über den berühmten Fall darzulegen.

Wenn irgendetwas einen Nervenarzt zum Widerspruch reizen kann, ist es die naive Behauptung, ein Mensch sei normal und gesund.

So ist es nicht weiter verwunderlich, daß Dr. Allweg alles daransetzte, herauszubekommen, warum der Dirigent nicht mit einem soliden Nervenklaps in einer Luxusklinik saß, sondern zu Hause seinem ebenso unmusikalischen wie primitiven Hobby nachging.

Es würde zu weit führen, des Psychiaters Bemühungen, Beschwörungen, Bestechungen und Versprechungen zu schildern, mittels derer er versuchte, die scheinbar uneinnehmbare Villa zu stürmen.

Wichtig bleibt allein das Resultat: Dr. Allwegs Erfolg und Sieg!

Unwesentlich bleibt im Grunde auch, ob er sich nun tatsächlich als Klempner im Monteuranzug, als Eilbote der Post oder gar als Züchter einer neuen, den Appetit anregenden Eukalyptussorte für das Haustier Cousine Einlaß erzwang.

Trotzdem kann ich mir nicht versagen, den Leser in Kenntnis zu setzen, daß der Arzt all diese und noch ungezählte andere Um- und Irrwege ausprobierte; vergebens und allmählich verzweifelnd.

Die Strähne seiner Mißerfolge riß jäh ab, als er – ach, zum wievielten Male! – an der Villa läutete und der wie üblich ablehnende Geräusche produzierenden Sprechanlage erschöpft mitteilte:

„Hier spricht Allweg. Ich bin Facharzt der Psychiatrie und muß Professor Malincrott dringend sprechen."

Das war alles.

Und, oh Wunder, die Tür ward weit aufgetan, um ihn einzulassen. (Welch seltener Triumph der Wahrheit! Anm. d. Verf.)

Dr. Allweg war zunächst verständlicherweise von Argwohn erfüllt. Denn wie konnte er ahnen, daß Malincrott in ihm, einem Neurologen, die letzte Hoffnung erblickte, seinem Zuhause, das ihn längst tödlich langweilte, zu entfliehen, um der Welt erneut als großer Mann gegenüberzutreten.

Allerdings hatte er nicht vor, sie mit Interpretationsdarbietungen gewohnter Art zu fesseln. Dies ganz insgeheim vorweggenommen.

Nachdem Dr. Allweg sein eigenes Mißtrauen Stufe um Stufe abgebaut hatte, verstanden sich beide blendend.

Malincrott zog voller Eifer seinen Musik-Komplex ans Tageslicht, und der Psychiater schnurrte vor Eitelkeit, weil es ihm so rasch gelungen war, die wunde Stelle des berühmten Musikers bloßgelegt zu haben.

Die Frage sei kurz aufgeworfen, wer von uns Sterblichen wohl keinen wie auch immer gearteten „wunden Punkt" in seinem Innern verbirgt?

Aber nur wenige befinden sich in der beneidenswerten

Lage, diesen nicht nur pflegen und vorführen zu dürfen, sondern ihn anerkannt und gewürdigt zu wissen.

Dr. Allweg, der Nervenarzt, würdigte ihn jedenfalls – würdigte des Dirigenten Manie, seine Kegel als die neun Sinfonien Beethovens zu betrachten, und sie allesamt tagtäglich kugelrollend und quasi spielerisch zu erledigen, ohne dabei auch nur seinen Taktstock erheben zu müssen.

Ernst Allweg fühlte überschäumend vor Glück den Höhepunkt seines Daseins nahen und schürfte ohne Unterlaß in Malincrotts ergiebiger, wenn auch nicht übermäßig edler Seele.

Frau Alice Malincrott, zuerst ablehnend, da von den geheiligten Sitzungen ausgeschlossen, begann Mut zu fassen, als sie sah, wie ihr Mann aufblühte und seine von ihr ebenso geliebte wie gehaßte Sucht nach Ruhm sich wieder in ihm regte.

Und als der Gatte Eugen bald darauf anfing, in seinen wochenlang vernachlässigten Notenbänden zu wühlen, teilte sie freudig herablassend dem ganzen Haus, von der Köchin über Pudel, Gärtner und Chauffeur bis zur Schildkröte, das erstaunliche Ereignis mit: „Bitte strengste Ruhe im ganzen Haus! Mein Mann arbeitet!"

Allerdings bestand die Arbeit ausschließlich darin, daß der Dirigent stundenlang mit einem dicken Blaustift in den Noten herumschmierte.

Die täglichen Kegelvergnügungen wurden radikal eingeschränkt, und Cousine verfügte über massenhaft Freizeit.

Sie verbrachte diese nun meist auf der Schulter ihres Herrn und warf von dort scheinbar hochinteressierte Blicke hinab in die aufgeschlagenen Notenblätter, denn sie war, wie bereits erwähnt, äußerst empfindlich und hätte um nichts in der Welt zugegeben, daß Partituren sie völlig kalt ließen.

Es ist längst an der Zeit, auch über Dr. Allwegs persönliches Verhältnis zur Musik einiges auszusagen.

Bedauerlicherweise besaß er überhaupt kein solches.

Er hatte zwar ein *Verhältnis*, aber nicht zur Musik, sondern, wie er es engen Freunden gegenüber ausdrückte, mit einer charmanten und temperamentvollen jungen Dame, da seine Frau leider nicht imstande sei, seine psychiatrischen Empfindungen voll und ganz mit ihm zu teilen, ohne die seine Persönlichkeit sich nicht frei entfalten könne.

Im Augenblick entfaltete er sie bei Gisela.

An Gisela gab es nur eines auszusetzen: sie besuchte leidenschaftlich gern sogenannte ernste Konzerte und zog den Neurologen erbarmungslos mit sich. Von Natur aus gutartig, versuchte er sogar, die lästige Passion seiner Freundin zu begreifen, wenn auch ohne nennenswerten Erfolg.

Insofern besaß also auch er ein, allerdings erzwungenes, Verhältnis zur Musik.

Verständlicherweise verschwieg Dr. Allweg anfänglich dem Dirigenten seinen Mangel an Musikliebe, und es dauerte einige Tage, bis er den Mut faßte, Malincrott einzugestehen, daß er Musik zwar nicht in dem Maße hasse, wie der Dirigent glaube, von sich selbst annehmen zu müssen, aber doch als bisweilen tödlich langweilig empfände.

Der Musikgewaltige sah ihn daraufhin starr an, brach in dröhnendes Gelächter aus und verstummte danach für eine volle Stunde.

Dr. Allweg, erleichtert über sein mutiges Geständnis, aber auch eine Krise voraussehend, raffte all seine psychiatrischen Kräfte zusammen und schwieg ebenfalls.

Als Malincrott plötzlich aufsprang und ihn impulsiv umarmte, war der Arzt sowohl bestürzt wie überrascht, da er sich gerade in der ersten Phase des Einschlafens befand und dabei empfindlich gestört wurde!

Endlich begann Malincrott zu sprechen:

„Mein lieber Doktor! Ich fühle mich gerettet! Diese Gewißheit verdanke ich ausschließlich Ihnen!" – Ernst Allweg grunzte bescheiden abwehrend – „Darum werden Sie der erste sein, der von meinen Plänen, die ich in Kürze zum Wohl der geplagten Menschheit durchzuführen gedenke, erfährt. Und gerade *weil* Sie kein Freund der klassischen Musik sind, wie Sie soeben zugaben, sind Sie genau *der* Mann für mich!" Professor Malincrott kicherte und wandelte dieses ungehörige Geräusch geschickt in ein Hüsteln um. „Hören Sie jetzt gut zu! Der moderne Mensch leidet ungeachtet aller technischen Fortschritte und Erfindungen, die es ihm ermöglichen, jede Tätigkeit *noch* schneller, *noch* besser und mit *noch* weniger Hilfskräften auszuüben, an einer schrecklichen Krankheit: dem Zeitmangel. Auch bin ich mit der Tatsache vertraut, daß die vielgepriesenen Freuden der Kultur, wobei ich jetzt speziell unser völlig verkrustetes Konzertleben herausgreife, für den Großteil unseres Publimkums keine wirkliche Entspannung bieten. Ich habe nun eine wahrhaft glänzende und umfassende Lösung dieses Problems auf meinem ureigensten Gebiet entwickelt und werde versuchen, sie Ihnen wenigstens in groben Umrissen anzudeuten."

Dr. Allweg nickte erfreut zu den letzten Worten und unterdrückte ein Gähnen.

„Sie selbst haben mir eingestanden", Professor Malincrott blickte seinem Gegenüber mit leichtem Vorwurf in die Augen, „wie oft Sie im Konzert mühsam das Einschlafen zu verhindern suchten und heimlich Ihre Uhr zogen, um das ersehnte Ende der musikalischen Darbietungen zu berechnen. Und ich habe Ihnen gebeichtet, wie sehr es mich ermüdet, Abend für Abend die großen und endlosen Meisterwerke der Musik herunterzudirigieren.

Nun, die Lösung des Problems ist ganz einfach! Wußten Sie zum Beispiel, Verehrtester, daß man in unserem Theaterbetrieb bei der Aufführung von Oper und Operette ohne jegliche Scheu hier eine Arie wegläßt und dort gar Riesenpartien zu überspringen pflegt? Weglassen, Abändern, Umstellen – daraus besteht unsere heutige Inszenierungs- und Aufführungspraxis! Die Begründung für solche Willkür: nicht zeitnah, langweilig, regietechnisch ungeschickt – ich könnte Sie stundenlang mit weiteren Aufzählungen unterhalten!" Allweg nickte und gab sich nun keinerlei Mühe mehr, sein Gähnen zu verbergen.

„Aber wie steht es mit der reinen Konzertmusik, das heißt, mit Sinfonien und Kammermusik? Halten Sie sich fest, denn jetzt kommt das Paradoxe und beinahe Lächerliche, wenn das Ganze nicht so zum Weinen wäre!" Malincrott schnaubte in ein imaginäres Taschentuch und verzerrte das Gesicht. „Denn bei der Wiedergabe dieser Stücke regiert die „absolute Werktreue." Bis zum letzten I-Tüpfelchen werden die Aufzeichnungen der Komponisten geradezu sklavisch befolgt, selbst bei solchen Stellen, wo dem Genie offensichtlich ein „menschlicher" Flüchtigkeitsfehler unterlaufen ist. Verstehen Sie, was ich meine? Auf der einen Seite Originalsucht und Werktreue bis zur musikalischen Dummheit, auf der anderen skrupellose Vergewaltigung der Opernwerke, wobei ganz offen ausgesprochen wird, man müsse die Bühnenwerke unserer modernen Zeit anpassen, um sie auf diese Weise für die breite Masse interessant zu erhalten!

Nun, mein lieber Allweg, welche Möglichkeiten bieten sich also als Konsequenz meiner Ausführungen für unser Musikleben an – nie dagewesen und weit in die Zukunft weisend?"

Malincrotts große Gestalt schien jetzt geradezu ins Dämonisch-Gigantische zu wachsen, während der Psychiater unter dem zwingenden Blick des Meisters wie gelähmt in sich zusammensank.

„Ach, Sie verstehen aber auch gar nichts!" schrie der Professor plötzlich wütend.

Nach einem letzten, drohenden Blick in Allwegs fragend-leeres Gesicht begab sich der Dirigent zum Flügel, legte einen dicken Band Beethoven auf das Notenpult und begann zu spielen, machtvoll und zornig.

Störend war einzig das allzu häufige Geräusch des Umblätterns.

Bereits wenige Minuten später schloß er abrupt, drehte sich zu Allweg um und rief triumphierend: „Naaaah? War das nun

Beethovens „Fünfte" oder haben Sie etwas vermißt?"

Ernst Allweg schwankte zwischen Verärgerung und Beleidigtsein, da er absolut keine Ahnung hatte.

„Und warum nicht immer so?" Malincrotts Augen glitzerten unheilvoll. „Denken Sie bei der Ankündigung meines nächsten Konzertes daran!"

Als es soweit war, dachte Dr. Ernst Allweg durchaus daran. Diesmal bedurfte es nicht einmal der Beschwörungen Giselas, um sofort zwei Karten für das groß angekündigte, erste Auftreten nach Malincrotts „schwerer Krankheit" vormerken zu lassen. Allerdings hatte der Psychiater nicht die leiseste Vorstellung, was ihn eigentlich erwartete.

Als Folge der inzwischen Wochen zurückliegenden Ansprache des Dirigenten mit anschließendem Klavierspiel war es, wie sich Allweg vornehm ausdrückte, zu einer Entfremdung zwischen ihnen gekommen.

Nach einem kurzen Wortwechsel, dessen Beginn durch Allwegs Verärgerung, wie ein zurückgebliebener Schuljunge behandelt zu werden, ausgelöst wurde, hatte der Arzt brüsk das Haus verlassen und nach einer Woche Anstandsfrist eine gepfefferte Rechnung zur Malincrottschen Villa gesandt. Trotzdem lockte ihn weniger die Hoffnung auf eine Begleichung der bis dato von Malincrott ignorierten Rechnung in das Konzert, als vielmehr die ehrliche Neugier, endlich herauszufinden, was er, Allweg, damals nicht begriffen hatte.

Das Konzert war ausverkauft. Eigentümlicherweise bereitete es Gisela anscheinend große Mühe, ein Programm zu besorgen, nachdem sie eigenhändig den konzertunerfahrenen Freund zu seinem Platz gesteuert hatte. Erst im letzten Moment erschien sie wieder neben ihm und berichtete atemlos, daß es ihr nur dank ihrer Beharrlichkeit, die Allweg nie in Zweifel gezogen hatte, gelungen sei, sich das letzte Heft der Vortragsfolge „unter den Nagel zu reißen."

„Ich bin beinahe zu Tode gequetscht worden, so stritten sich die Leute um die Programme!"

Ihre schönen, wasserblauen Augen richteten sich mitleidheischend auf ihn, damit der Freund sie bedaure, aber Ernst Allweg blieb kühl.

Soeben hatte er nachgerechnet, wie lange er Gisela nun schon kannte, und das war bei ihm ein untrügliches Merkmal beginnenden Abfalls.

Mit undeutlichem Beileidsgemurmel nahm er ihr das Programmheft aus der Hand, und schon stürmte Malincrott elastischen Schritts in den Saal.

Allweg konnte nur noch einen kurzen Blick auf den einleitenden Aufsatz werfen, der eine gewisse, unangenehme Ähnlichkeit mit Malincrotts langatmiger Ansprache vor ihrem Zerwürfnis zu haben schien.

Gisela beugte ihren Kopf dicht neben seinem über das Papier und flüsterte ihm hastig die Vortragsfolge ins Ohr, als sei er ein Analphabet: „1. Mozart, Sinfonie in Es-dur. 2. Haydn, Konzert in D-dur für Violoncello und Orchester. 3. Beethoven, c-moll Sinfonie, seine „Fünfte". Lauter konservative, uralte Schinken! Nicht ein einziger neuer Zeitzünder dabei!" Gisela lachte blasiert. Allweg nickte und gähnte.

Aber dieses Gähnen stand in keinerlei Zusammenhang mit der nachlassenden Anziehungskraft seiner jungen Freundin, wie der Leser vielleicht allzu scharfsinnig meint folgern zu müssen.

Nein, Dr. Allweg war einfach seit Wochen völlig überarbeitet, ob Sie es glauben oder nicht.

Wurde bei ihm ein bestimmter Grad der Überbürdung erreicht, trat glücklicherweise seine äußerst robuste Natur auf den Plan und vereitelte jeglichen Nervenzusammenbruch, der seinem Ruf gewiß empfindlich geschadet hätte. In solch extremen Situationen pflegte er schlicht einzuschlafen.

Mitunter geschah das bei den unpassendsten Gelegenheiten – auf Geselligkeiten, Kongressen, bei Sitzungen mit Patienten und selbst in intimen Momenten, die wir uns versagen wollen, näher zu schildern.

Es liegt auf der Hand, daß Allweg ausgerechnet bei diesem Konzert gewiß nicht die Absicht hatte einzuschlafen.

Als ihn brausender Beifall weckte, schaute er gewohnheitsgemäß als erstes auf die Uhr: zwanzig Uhr und vierzig Minuten.

Das Konzert hatte um acht Uhr begonnen.

Verständlicherweise war er verärgert.

„Sowas Dummes! Nun hab ich die ganze Mozart-Sinfonie verpaßt! Du weißt doch, wie überarbeitet ich bin, Gisela! Warum hast du mich nicht geweckt!? Ist jetzt Pause? Oder kommt vorher noch das Cello-Konzert?"

Erst als sich in den Beifall völlig ungewohnt Pfiffe mischten, richtete er sich kerzengerade auf.

Gisela hatte seine vorwurfsvollen Fragen glatt ignoriert. Wie gebannt blickte sie auf das Podium, auf dem Allweg aber nichts Ungewöhnliches entdecken konnte.

„Man scheint mit Malincrotts Leistung nicht ganz zufrieden?" versuchte er in einem zweiten Anlauf die Sachlage zu ergründen.

Aber Gisela mißachtete seine Frage auch diesmal und klatschte wie rasend in ihre hübschen kleinen Hände.

Das Pfeifkonzert verstummte allmählich, und Eugen Malincrott wurde ein ums andere Mal an die Rampe gerufen.

Dr. Allweg glaubte jetzt als einzige Absonderlichkeit festzustellen, daß die Musiker auf der Bühne unverhältnismäßig heitere Mienen zur Schau trugen. Der Neurologe verabscheute vulgäre Ausdrücke, sonst würde er sogar behauptet haben, daß sie allesamt zynisch grinsten.

Die Masse des Publikums begann, sich zu den Ausgängen zu wälzen, Ernst und Gisela mitten darunter, ohne daß seine Freundin ihm auch nur die kleinste Aufklärung hatte zukommen lassen.

Der Arzt, immer noch im Glauben befangen, es sei Pause, strebte hoffnungsvoll in Richtung auf das Buffet; jedoch die Menge drängte ihn unaufhaltsam zu den Garderoben.

Er wagte keine weiteren Fragen zu stellen, bis er sich in seinem Wagen wiederfand, Gisela an seiner Seite.

Zum zweiten Mal an diesem Abend ertappte er sich bei der Überlegung, wie lange er sich nun schon mit Gisela abgebe. (Man beachte die Steigerung in der Formulierungsschärfe!)

Aus dem Gefühl nahenden Überdrusses raffte er sich endlich zu der entscheidenden Frage auf: „Würdest du vielleicht die Liebenswürdigkeit besitzen mir mitzuteilen, warum das Konzert nach einer knappen Stunde abgebrochen wurde?"

Noch tagelang gellte ihm Giselas schrilles Gelächter in den Ohren: „Himmel, wenn du wüßtest, wie komisch du bist, Ernstilein! Unmöglich warst du immer, aber wenn du jetzt auch noch komisch wirst! Das ist zuviel! Nun halt mal deine Dreckschleuder an, mir reicht es! Nach deinem senilen Geschnarche zu urteilen, hat dich ja meine Gegenwart waaaaahnsinnig aufgemuntert! Lies doch selbst in der Zeitung nach, was du eben in diesem denkwürdigen Konzert verschlafen hast, du hoffnungsloser Kunst-Banause!"

Die „Dreckschleuder", Allwegs funkelnagelneuer Mercedes 600, hielt mit einem scharfen Ruck am Straßenrand. Und als die Wagentür krachend hinter Gisela zuschlug, wußte sein Besitzer, daß ihm nichts anderes übrigblieb, als am nächsten Morgen die Presse zu Rate zu ziehen.

„Diesen Abend habe ich mir allerdings interessanter vorgestellt", sinnierte er mißmutig vor sich hin, um plötzlich in rosigster Laune hinzuzufügen: „Trotz allem, *das* hätten wir geschafft, Giselchen – wurde auch höchste Zeit!"

Ich möchte vorschlagen, uns nunmehr von Dr. Allwegs weiterem und nicht sonderlich aufregendem Lebensweg abzuwenden. Das Miterleben der triumphalen Heimkehr Malincrotts ist weitaus erfreulicher.

Als die Bremsen seines Sportwagens vor der bereits in Dunkelheit liegenden Villa Friede aufkreischten, runzelte er die Stirn.

Ach ja, Alice hatte sich heute mittag nach einem ihrer zweckmäßigen Migräne-Anfälle in ihr Zimmer zurückgezogen. Es schien ihr wohl am einfachsten, auf diese Art eventuell bevorstehenden Aufregungen aus dem Wege zu gehen.

Aber als Eugen Malincrotts Blick auf den hell erleuchteten, langen Anbau der Kegelbahn fiel, begann sein Gesicht wieder zu strahlen: Die Kugel rollte mit gewaltigem Donnern. Cousine hatte auf ihn gewartet und vertrieb sich kegelnd die Zeit.

In den letzten Wochen war dem Dirigenten kaum noch Zeit zu seiner Lieblingsbeschäftigung geblieben.

Von nur kurzen Unterbrechungen abgesehen, saß er inmitten seiner Notenberge am Flügel, die Uhr neben sich, stoppte die neuen Zeiten und strich viele, viele Takte, Passagen, ja, ganze Partiturseiten mit seinem unbarmherzigen, dicken Blaustift aus.

Ab und zu erschien Cousine im Musikzimmer, um ihn zu stören, hüpfte über die im ganzen Raum verstreuten Noten und wischte mit ihren dicken Klettertatzen darin herum bei dem Versuch, noch mehr Unheil anzurichten, als es ihr Herr mit seinem unermüdlichen Blaustift bereits getan hatte.

Einige Minuten ließ Malincrott das Bärchen stets gewähren und entspannte sich bisweilen sogar an dessen konfusen Bemühungen. Dann allerdings mußte Cousine, da ihr Benehmen immer mehr zu wünschen übrig ließ, gewaltsam entfernt werden.

Sie stimmte jedesmal ein leises Brummen an, ihren Unmut ausdrückend, und trottete anschließend in Richtung Kegelbahn, wo sie in Kürze ihre gute Laune wiederfand.

Als Malincrott an jenem bedeutungsschweren Abend heimkehrte, fand er Cousine gerade damit beschäftigt, die Kugel zielsicher an dem einzigen Kegel (für sich allein baute sie aus Bequemlichkeit nie mehr auf) vorbeirollen zu lassen. Sie brummte ärgerlich, als Malincrott sie ihrer Tätigkeit entriß, mit Schwung auf seinen Arm hob und ihr die neuesten Ereignisse mitteilte.

Das Koala-Tier warf zwar einige begehrliche, wenn auch vergebliche Blicke der ausrollenden Kugel nach, versuchte aber aus purer Gutmütigkeit den Anschein großen Interesses an den mit Emphase vorgetragenen Ausführungen seines Gebieters zu erwecken.

Die Erregung Malincrotts war nur zu begreiflich, er hatte kaum mit solch einem positiven Ausgang seines ersten „Kurz-Konzertes" gerechnet.

Die Pfiffe und Buuuuuh-Rufe konnte man zählen, und im Anschluß hatte er der zahlreich vertretenen Presse lange Interviews gegeben, in denen er seine Absichten und Ziele aufs Trefflichste darzulegen vermochte.

Ein Verriß war von den stets für das Neueste aufgeschlossenen Journalisten nicht zu erwarten.

„Hör zu, Cousine", triumphierte der große Mann, „die „Malincrottschen Kurzfassungen berühmter Meisterwerke" werden in Kürze die in Sachen „Kunst" überforderte Menschheit aufrichten und mich, den Schöpfer derselben, unsterblich machen!"

Cousine blickte ihn intensiv aus ihren blanken Knopf-Augen an und nickte würdevoll, obwohl sie noch weniger begriff als vor Wochen der Psychiater.

In bester Laune begann Malincrott vor sich hinzusummen, und bis zum Morgengrauen hörte man ihn in der Kegelbahn lärmen.

Die Erwartungen des Dirigenten erwiesen sich als richtig. Obwohl die Begeisterung der Presse sich anfänglich in Grenzen hielt, wuchs Professor Malincrotts Ruhm mit geradezu atemberaubender Geschwindigkeit.

Denn wer profitierte nicht von seiner genialen Erfindung, der „Kultur im Extrakt?" Das Publikum war durchweg hingerissen: Kein Konzert dauerte länger als höchstens fünfundvierzig Minuten, im Gegensatz zu zwei bis zweieinhalb Stunden vorher. Gerade wenn der eine oder andere vorsichtig die Hand vor den Mund legte, um ein Gähnen dahinter zu verstecken, war das Konzert auch schon zu Ende. Obendrein ließen sich an den angebrochenen Abend Partys jeder Art wundervoll anhängen und gerieten ihrerseits in keine zu große zeitliche Ausdehnung.

Auch die geplagten Orchestermusiker aller Nationen atmeten auf ob der Arbeitserleichterung. Dirigenten und Solisten nicht minder, Nervenzusammenbrüche kamen viel seltener vor. Alle Musiker waren ganz anders bei der Sache, da sie schon rein physisch nicht ständig überfordert wurden, und den Dirigenten gelang es oftmals, ohne durchgeschwitzten Frack über die Fünfundvierzig-Minuten-Runde zu kommen.

Kleine Nachteile und Erschwernisse, wie beispielsweise die Entscheidung, welche Takte, Partien oder Satzteile denn nun wegfallen sollten, erforderten anfänglich vom Dirigenten zusätzliche Arbeit, boten dafür aber ungeahnte Möglichkeiten der Neu-Kombination und Zusammenstellung sämtlicher Musikwerke.

Zu erwähnen sei noch, daß es natürlich einige Zeit dauerte, bis Malincrott und die Schar seiner Epigonen ihr Konzertrepertoire in den neuen Kurzfassungen auswendig gelernt hatten.

Als Folge davon bürgerte es sich ein, daß jeder Kapellmeister ausschließlich seine eigenen und genau festgelegten Kürzungen dirigierte.

Es wurde in den Presseankündigungen sogar üblich, dem verehrten Publikum mitzuteilen, daß z. B. Generalmusikdirektor Professor Doktor Oleschläger in der Mozartschen „Jupitersinfonie" den langsamen Satz vollständig zu spielen gedenke – ein besonderer Genuß für alle romantischen Gemüter – dafür aber das Menuett weglasse, um den letzten Satz, die berühmte Tripelfuge, den ausgeruhten Zuhörern umso wirkungsvoller, und obendrein um 75 Prozent gekürzt, darbieten zu können.

Oder man las in der Zeitung, daß Herr v. d. Mausewitz dazu übergegangen sei, sämtliche Durchführungsteile der Werke grundsätzlich wegzulassen.

Auch gab es Dirigenten, meist sonnige Charaktere, die vorzugsweise Menuetts oder Scherzi spielen ließen, und diese fast ohne Sprünge brachten, oder solche, welche sich in erster Linie auf die Ecksätze spezialisierten und die Mittelsätze auf zwei, höchstens drei Minuten zusammenstrichen.

Ein ernstzunehmendes Hindernis bei der technischen Abwicklung dieser neuartigen Konzertpraxis bot das Notenmaterial, das natürlich nicht umgedruckt werden konnte, denn nach welcher der unzähligen, verschiedenen Kurzfassungen hätte das geschehen sollen?

Infolgedessen war einer der zwei Orchestermusiker an jedem Notenpult gezwungen, ständig in größter Eile die Seiten des „per Hand" zusammengestrichenen Notenmaterials umzuwenden, was als fatale Zweitfolgeerscheinung seinen eigenen Spielausfall zeitigte.

Auch da fand ein findiger Kopf Abhilfe.

Der neue Beruf des „Umblätterers" erfreute sich in Kürze großer Beliebtheit, nicht zuletzt wegen der geringen Ausbildungsdauer, und wurde von vielen jungen Menschen erlernt.

Denn jung und geschickt mußte man schon sein, wollte man den Anforderungen des rechtzeitigen und nicht allzu geräuschvollen Umwendens gewachsen sein.

Bald saß in allen Sinfonieorchestern zusätzlich an jedem Pult auf einem kleinen Schemel der „Notenblattwender."

Für viele Konzertbesucher, die lieber zusahen als zuhörten, bedeutete es eine wahre Lust, den behenden Bewegungen dieses sogenannten „dritten Mannes" zuzuschauen.

Summa summarum: Die negativen Begleiterscheinungen wurden erfolgreich bekämpft und schließlich ganz ausgemerzt, und die unbestreitbaren Vorzüge der neuen Aufführungspraxis eroberten im Sturm die ganze Welt.

Ihr Schöpfer Malincrott wagte es als erster – wie und wer hätte es anders sein können! – die neun Sinfonien Beethovens allesamt an einem Abend zu bringen.

Er schaffte es in einer gewaltigen Leistung von siebzig Minuten, aber trotz der Begeisterung bei Publikum und Presse wurde die inzwischen ungewohnte Konzertlänge einmütig verdammt.

Als Eugen Malincrott von diesem einzigartigen Beethoven-Querschnitt nach Hause kam, rief er stolzgeschwellt: „Ich habe es geschafft! Alle Neune in siebzig Minuten! Aber zu lang, zuuuuu lang! Unzumutbar! Oder? Was meinst Du, Cousine?"

Das Tier nickte dreimal zustimmend mit seinem dicken Kopf und klatschte geräuschlos Beifall mit seinen Klettertatzen.

„Na, das läßt sich ändern! Wie Ihr wollt!"

Malincrotts Ehrgeiz war und blieb es, alle neun Sinfonien in die gebräuchliche, fünfundvierzigminütige Konzertdauer zu zwängen.

Er war sich darüber im klaren, daß der Moloch Publikum seine Überschreitung dieser Zeitnorm nicht lange mitmachen würde.

Nur weil er der Erfinder der neuen Konzertpraxis war, hatte man ihm das Siebzig-Minuten-Konzert überhaupt durchgehen lassen.

Schon ein Vierteljahr später stellte er mit seinem Neununddreißig-Minuten-Konzert für „Alle Neune" einen unumstrittenen „Weltrekord" auf, wie es die Presse bezeichnete.

Damit wurde diesem bisher rein sportlich gebrauchten Wertungs-Begriff der Weg in die Kunst freigegeben.

Gleichzeitig bedeutete es den Beginn einer jetzt tatsächlich wettbewerbsmäßigen Weiterverkürzung der allgemeinen Konzertabende.

Nach einem weiteren halben Jahr war die Durchschnittsdauer einer musikalischen Veranstaltung bereits auf fünfundzwanzig Minuten geschrumpft.

Da die Menschen umso höhere Eintrittspreise zahlten, je rascher sie mit superkonzentrierter Musik angereichert wieder nach Hause eilen durften, konnte dieser Entwicklung kein Einhalt mehr geboten werden.

Und als ein junger, ehrgeiziger Dirigent eine Abonnementsreihe mit „Fünf-Minuten-Konzerten" erfolgreich und umjubelt durchführte, bedurfte es wahrhaftig keiner großen seherischen Gabe mehr, um das baldig bevorstehende Ende zu prophezeien.

Man saß nun bereits in Mänteln im Konzert. Es war einfach zu lästig, für die kurze Zeit die Garderobe abzulegen.

Infolgedessen wurde auch das Heizen der Säle überflüssig, eine gewichtige Einsparung für die Konzertveranstalter.

Schließlich lohnte selbst das Drucken von Programmheften nicht mehr, denn ehe man die paradoxerweise meist recht lange Liste der vorzutragenden Werke auch nur überfliegen konnte, war die Veranstaltung schon vorüber.

Die zweifellos übertriebene Sparsamkeit der Konzertmanager leitete den Untergang ein.

Das Publikum murrte zu Recht: wozu Eintrittspreise, wenn kein Programmheft mehr mitgeliefert wurde!?

Aber erst durch den spontanen Einspruch sämtlicher Dirigenten und Solisten kam jener folgenschwere Kongreß zustande, zu dem sich alle musikalischen Häupter unseres Erdballs versammelten.

Als Endergebnis der historischen Tage gelangte man zu dem konsequenten und einstimmig begrüßten Entschluß, die gesamte Kunstausübung, das heißt, präziser ausgedrückt, erst einmal die des Musikbetriebes, grundsätzlich einzustellen und abzuschaffen. Denn kein Dirigent und kein Solist zeigte sich noch im geringsten daran interessiert aufzutreten, solange kein Konzertprogramm mehr ihre Namen der Öffentlichkeit kundtat.

Die Presse berichtete von dem einschneidenden Beschluß der Musikwelt mit distanziert-taktvoller Trauer; etwa wie sie einem Toten dargebracht wird, der seine Berühmtheit allzu lange überlebt hat.

Man hob aber klar und deutlich hervor, daß diese Entwicklung ganz natürlich, ja, zwangsläufig sei, da die Technik, der allein die Menschheit noch uneingeschränkt Zeit und Bewunderung entgegenbringe, die Musik erfolgreich entthront habe, und das allgemeine Verlangen nach ihr erloschen sei.

„Die wahren Genies unserer Tage schreiben keine Sinfonien und Dramen, keine Lyrik und Sonaten mehr. Sie erfinden und schaffen in rasanter und bewunderungswürdiger Steigerung Raketen, Raumschiffe und, als Krönung ihrer Bemühungen, Atombomben zur endgültigen Sicherung des Weltfriedens. Der menschliche Verstand hat wahrlich ungeahnte Höhen erklommen! Und wer ist unter uns, der diese Entwicklung nicht enthusiastisch begrüßt!?" schrieb die „Daily Sowieso."

Einige Unbelehrbare starteten dem neuen Beschluß zum Trotz noch gezählte Konzertreihen, die sich allesamt, was ihre Dauer anlangte, innerhalb der Ein-Minuten-Grenze abspielten.

Natürlich ohne Erfolg.

Es ging keiner mehr hin.

Eugen Malincrott hatte sich in Villa Friede zurückgezogen und alterte rasch.

Frau Alice überlebte die endgültige Heimkehr ihres berühmten Gatten nicht lange, aber nur der Tod des kleinen Bären traf den Professor ernstlich.

Als einziges blieb ihm sein Hobby.

In stillen Nächten konnten Vorübergehende Abend für Abend das dumpfe Donnern der Kugel hören.

Und wenn sie stehenblieben, um zu lauschen, den fragenden, leeren Blick zu einem klaren und kalten Sternenhimmel erhoben, mischte sich in das gespenstisch- rollende Dröhnen das heisere Geschrei des alten Mannes:

„Alle Neune!"

Die Singvögel
der Konzertdirektion Jagemann

Herr Arno Jagemann war Inhaber einer Konzertdirektion.

Zur Aufklärung Unwissender sei gesagt, daß eine solche Institution eine bestimmte Auswahl von Musikern, präziser: Sängern, Pianisten, Violinvirtuosen, Flötisten etc. managt. Diesen Künstlern soll sie dazu verhelfen, ihre Talente in Gestalt von Konzerten der Öffentlichkeit anzubieten und vorzuführen.

Es gibt gutflorierende, berühmte Agenturen und solche, von denen man das nicht sagen kann.

Leider gehörte Jagemanns Konzertvermittlung zu den letzteren, und es ist mir gewissermaßen peinlich eingestehen zu müssen, daß sie mißtönend auf dem letzten Loch pfiff, falls dieser musikalische Vergleich erlaubt sei.

Und obwohl Herr Jagemann behauptete, seine Agentur sei eine überaus seriöse Institution, die nur edelste, höchste Kunstwerte vermittle, will ich aufrichtig bleiben und dem Leser ungeschminkt mitteilen, daß es in dieser Seriosität einen dunklen Punkt gab. Wenn der Agent allein in seinem Büro saß – seine einzige Sekretärin hatte ihn schon vor geraumer Zeit wegen Annullierung ihres bescheidenen Gehalts für immer verlassen – also wenn Jagemann so allein in seinem Büro saß und über dem allgemeinen Mißerfolg seiner Künstler und dem speziellen seines Büros brütete, wurde sein Herz bitter ob dieses dunklen Punktes.

Zum besseren Verständnis unserer merkwürdigen Erzählung ist es unerläßlich, den Leser mit Jagemanns dunklem Punkt, oder, wie er selbigen zuweilen mit grimmigem Humor zu bezeichnen pflegte, seinem „Skelett im Schrank", bekannt zu machen.

Das „Skelett" war ein langer, dürrer Mann, der seine künstlerischen Mitarbeiter in Gestalt von acht Flöhen, wohlverwahrt in einer mit Samt ausgeschlagenen Streichholzschachtel, mit sich führte. Da die Tiere gutgepflegt, wohlerzogen und mancherlei Erstaunliches zu leisten imstande waren, fand sich stets ein zahlreiches Publikum, das nach Herrn Jenkins, dies der Name des Flohdresseurs, und seinen Künsten verlangte. Obwohl es selbst in diesem künstlerischen Seitenzweig übelwollende Kollegen gab, die schworen, Jenkins Flöhe stellten keine absolute Weltklasse dar, war doch nicht zu leugnen, daß Herr Jenkins ständig beschäftigt, engagiert, kurz, verlangt wurde, und eine begeisterte Menge ihm Beifall zollte.

Nicht so Herr Jagemann, der ihn verachtete, da der Flohkünstler des Managers künstlerische Ideale mit Füßen trat.

Bisweilen steigerte sich seine Verachtung zu abgrundtiefem Haß, denn ausgerechnet der Dresseur hielt die Agentur finanziell über Wasser.

Jagemann verzieh Herrn Jenkins diese Leistung bis an sein Lebensende nicht, und als seine Konzertdirektion später Weltruf erlangte, stellte er sofort die Vermittlung für Jenkins ein.

Viele Leser wird dieser vorweggenommene, undankbare Charakterzug Jagemanns befremden und abstoßen, aber vielleicht findet sich doch der eine oder andere, der wenigstens den Versuch unternimmt, Verständnis zu zeigen.

Jenkins Existenz wurde von dem Konzertimpresario vor seiner erfolglosen Künstlerschar streng geheim gehalten - vor seinen „wirklichen Künstlern", die kein Publikum besaßen und kein zweites Mal engagiert wurden, hatten sie tatsächlich ihre Kunst gelegentlich in einem schlechtbesuchten Konzert zum besten gegeben.

Das ist hart ausgedrückt, entspricht aber leider der Wahrheit.

Manchmal war der Agent nahe daran zusammenzubrechen, Flohmann Jenkins aus seiner verachteten Anonymität hervorzuholen, ihn vor seine arrogante Künstlerschar zu stellen und zu rufen: „Seht, hier steht Euer wahrer Ernährer! Eifert ihm nach, wenn Ihr könnt!"

Und zuweilen juckte es ihn geradezu, seine ausnahmslos Defizite produzierende Musikerherde mit einem wohlgezielten Fußtritt hinauszubefördern und fortan nur noch Flöhe, Hunde, Schlangen und sonstiges gelehriges Getier zu managen.

Aber das waren die schwachen Stunden im Leben des Herrn Jagemann, der alsdann sofort reumütig begann, seine hungernden Kunstideale wieder hochzupäppeln. Im letzten halben Jahr wurde jedoch die Nahrung so knapp, daß er mit Grauen dem nicht mehr fernen Tag entgegensah, an dem er zu ihrem Begräbnis antreten mußte.

Aber noch hatte Jagemann seine Träume nicht aufgegeben, in denen er als glorreicher Entdecker eines Super-Tenors auftrat, den er, und nur er allein managte und der ihm ganz nebenbei erwähnt ein riesiges Vermögen einbrachte.

Denn Jagemanns große Liebe galt weniger seinen Instrumental-Virtuosen, als den Gesangs-Solisten; „meinen Singvögeln", wie er sie zu bezeichnen pflegte.

Wenn Arno Jagemann leicht selbstgefällig (aber leider immer seltener) von seinen „Idealen" sprach, bevorzugte er eine neckische Ausdrucksweise, die er für künstlerisch bedeutend hielt.

„Man ist ja nicht nur Geschäftsmann!" fügte er dann lächelnd hinzu.

Daß seine eigenen „Singvögel" nur einen sehr bescheidenen Gesang von sich gaben, machte seinen Hauptkummer aus.

Da bedeutete es einen geringen Trost, daß es nicht allein ihm, sondern der gesamten musikalischen Welt an wirklichen Singvögeln gebrach. Vor allem fehlten die vom Publikum umjubelten Lieblinge, die auch Jagemann anbetete: die hochdramatischen, gewaltigen Superstimmen.

An diesen Giganten des Gesanges war die Welt arm, und speziell in Jagemanns Heimatland konnte man straßauf, straßab mit der Ohren-Lupe auf die Suche gehen, ohne je einen zu finden.

Stattdessen versuchten dünne, zirpige Stimmchen in den Opernhäusern die von den Dirigenten mühsam gedrosselte Orchesterbegleitung erfolglos zu übertönen.

Je rasanter es mit Jagemanns Agentur und seinen Schützlingen bergab ging, umso stärker verrannte sich „der arme

Arno", wie ihn seine Freunde inzwischen halb spöttisch, halb mitleidig nannten, in die fixe Idee, eine große Stimmkanone auf die Welt loszulassen.

In mehr oder weniger glaubwürdigen Berichten hatte Jagemann gelesen, wo man solch verborgene Schätze aufstöbern konnte.

Danach ertönt meist irgendwo im sonnigen Süden am Strande irgendeines azurblauen Meeres in der flimmernden Mittagshitze eine göttlich-grandiose Naturstimme, die nach der Ausbildung durch irgendeinen selbstlosen Gönner in Windeseile Weltruhm ersingt.

Es erübrigt sich die Erwähnung, daß der „arme Arno" weder die Mittel besaß, in den sonnigen Süden zu reisen und noch viel weniger in der Lage war, einer solchen hypothetischen Stimme auch nur einen einzigen Groschen in den weitgeöffneten Sangesrachen zu schleudern.

So begnügte sich Jagemann mit täglichen Streifzügen durch die ärmlichen Viertel der großen Stadt, in der er lebte, denn sein sentimentales Gemüt rechnete ganz besonders in den Elendsvierteln mit der Möglichkeit einer Entdeckung.

Unermüdlich und hoffnungsgepeinigt wartete er auf das große Wunder.

Er hatte nie angenommen, daß im Gegenteil das Wunder auf ihn wartete, als er wieder einmal von solch enttäuschendem Traumgang müde und verdrossen heimkehrte.

Das „Wunder" lehnte an der Tür seines Hauses: klein, untersetzt und männlichen Geschlechts.

Als Jagemann mit einem unfreundlichen Seitenblick aufschloß, stellte es sich mit der spärlichen Andeutung einer Verbeugung vor: „Mögle", sagte es, um sodann in reinem schwäbisch zu fragen, ob es mögle sei (Jagemann, völlig humorlos, fuhr bei der Wiederholung des Wortes „mögle" mißtrauisch hoch, da er wie viele erfolglose Menschen stets eine Kränkung erwartete), aber Herr Mögle fuhr unbeirrt fort, ob es mögle sei, Herrn Jagemann persönlich zu sprechen.

Diese einfach vorgetragene Bitte veranlaßte Jagemann zu der hämisch-bitteren Erwiderung, die man seinem strapazierten Nervenzustand zugute halten muß, er wisse wahrhaftig nicht, wer noch außer ihm persönlich in seinem Etablissement zu sprechen sei. Herr Mögle, von Jagemanns angestelltenentblößten Dasein nicht unterrichtet, sah ihn verständnislos an.

Dann schloß sich die Tür ohne weitere Worte hinter beiden.

Wenig später saßen sie sich in Jagemanns schäbigen Büro gegenüber, und der Fremde begann, pausenlos auf den Agenten einzureden. Auf dessen Gesicht war das bittere Lächeln zur Grimasse erstarrt, er trommelte ungeduldig mit den Fingern, scharrte mit den Füßen, wippte vor und zurück und brachte schließlich den wackeligen Stuhl, auf dem er saß, in der unmelodischsten Weise zum Ächzen.

Als es plötzlich an der Tür klingelte, schoß er wie erlöst und ohne Entschuldigung zum Eingang, wo ihn allerdings keine weitere Überraschung, sondern nur ein gewisser Xaver Homolka, von Beruf Sänger, begrüßte.

Noch in der Tür begann der Künstler mit weinerlich klagender Tenorstimme über seinen neuesten Mißerfolg anläßlich eines Gastspiels bei einer kleinen Provinzbühne zu berichten.

Jagemann, überreizt und von dem in seinem Büro zurückgelassenen „Wunder" keineswegs überzeugt, hatte einen üblen Fluch auf den Lippen, und wieder einmal verspürte er das Zucken im rechten Fuß, um mittels desselben Herrn Homolka energisch zu entfernen.

Aber Herr Arno Jagemann war eine beherrschte Natur, und es gelang ihm selten, gewalttätige Aufwallungen in die Tat umzusetzen. So resignierte er auch diesmal und zog nach einigen brunnentiefen Seufzern den Sänger mit sich ins Haus.

So unbedeutend diese Handlung im Augenblick erscheinen mag, bestimmte sie doch Herrn Jagemanns weiteren Lebensweg in geradezu atemberaubender Weise.

Auf dem Schreibtisch im Büro lag noch immer ungeöffnet eine kleine Dose, kaum größer als eine Streichholzschachtel.

„Flöhe! Gott sei mir gnädig!" war Jagemanns erster Gedanke gewesen, nachdem er das Behältnis erblickt hatte. „Ich werde wahnsinnig und schreie!" sein zweiter.

Aber Jagemanns zwanghaft introvertierte Natur gestattete ihm weder wahnsinnig zu werden, noch die Erlösung durch einen Schrei zu artikulieren.

Um den Gang unserer Erzählung voranzutreiben und die hoffentlich inzwischen hochgespannten Leser ein wenig zu entspannen, sehen wir jetzt in Zeitabständen von fünf Minuten in Jagemanns Konzertbüro.

Die Uhr zeigte bei Homolkas Eintritt genau sechzehn Uhr und fünfundfünfzig Minuten. Wir werfen also unseren nächsten Blick logischerweise um Punkt siebzehn Uhr.

Vor unseren erstaunten Augen liegt, nunmehr ausgepackt, der Inhalt der mysteriösen Schachtel, enttäuschend uninteressant, was sein Äußeres betrifft, und beim flüchtigen Betrachten einem kleinen Tischtennisball aus Gummi nicht unähnlich.

Weiter; siebzehn Uhr und fünf Minuten: der kleine „Ball" ist verschwunden. Unsere Aufmerksamkeit wird auf Xaver Homolka gelenkt, dessen verhärmte Gesichtszüge verändert, ich möchte behaupten, gerundeter erscheinen. Außerdem mahlen seine Kiefer heftig, und er fährt des öfteren in nicht sehr ästhetischer Weise mit den Händen zum Mund, während Herr Mögle unentwegt auf ihn einredet.

Bereits um siebzehn Uhr zehn können wir uns den Blick in den Raum ersparen. Stattdessen lauschen wir, zuerst ungläubig, sodann hingerissen, den Tönen, die daraus hervorquellen.

Siebzehn Uhr fünfzehn: Auf der belebten Durchgangsstraße vor dem Haus sammelt sich eine Menschenmenge, um mit gerunzelter Stirn und an die Ohrmuscheln gelegten Händen zu horchen. Nach weiteren fünf Minuten (17 Uhr 20) klingelt ein Gesetzeshüter an Jagemanns Tür, um ihn höflich aber bestimmt zu ersuchen, sein Radiogerät oder den Fernseher auf Zimmerlautstärke zu reduzieren, da der Verkehr auf der Straße durch das unerträgliche Gebrüll aus dem Innern des Hauses ernstlich behindert werde; von den zu befürchtenden Unfällen ganz zu schweigen.

Herr Arno Jagemann soll laut Aussage des Polizisten denselben mit irrem Blick angestiert und sodann einen anstößigen Ausdruck gebraucht haben, (man stelle sich dies bei Jagemann vor!) den der Gesetzeshüter alsogleich wortgetreu auf die nächste Wache meldete, und für den Jagemann nicht nur hundert Mark zu zahlen hatte, sondern auch tatsächlich zahlte, obwohl kein weiterer Zeuge zur Beeidung der unanständigen Äußerung anwesend gewesen war.

Arno Jagemanns Benehmen war in der folgenden Zeit überhaupt recht wunderlich.

Aber das interessiert im Augenblick nicht so sehr.

Eher schon eine Pressemeldung, in der ein Lieder-Abend des Herrn Homolka in Aussicht gestellt wird.

Es folgen Riesenplakate an allen verfügbaren Anschlagsmöglichkeiten; Berichte und lockende Aufsätze in allen Zeitungen schließen sich an. Herr Jagemann läßt seine gesamten Manager-Künste spielen, um diesen Abend werbetechnisch auszustaffieren und dem Tenor endlich ein volles Haus in einem der teuersten und größten Säle der Stadt zu sichern.

Gewiß ist der Leser arg enttäuscht zu erfahren, daß sich der Auftritt des Sängers zu einem hundertprozentigen Fiasko auswuchs.

Aber ich darf die Wahrheit nicht verheimlichen.

Herr Homolka, dessen Gehirnmasse leider in keiner Weise seinem überreichen Haarwuchs entsprach, hatte sich als Programm sein Lieblingswerk, Schuberts berühmten Liederzyklus „Die Winterreise" gewählt.

Kenner wissen, daß die Qualität der Wiedergabe bei diesem Opus in höchstem Grade von einer innerlich-verhaltenen Vortragsweise abhängt.

Wir wollen uns an der Presse orientieren, die ausnahmsweise glaubwürdig und vor allem übereinstimmend berichtete.

Danach verließ bereits nach den ersten zehn Minuten der größere Teil des Publikums (einschließlich der Rezensenten) fluchtartig den Saal, der dank Herrn Jagemanns propagandistischen Maßnahmen planmäßig ausverkauft war.

Das Gebrüll war nicht zu ertragen.

Xaver Homolka, der sich bisher mit einer Stimme begnügen mußte, deren Volumen in umgekehrtem Verhältnis zu seiner enormen Körperfülle stand, Xaver Homolka also brüllte derart laut und amusisch, daß der Kalk von den frischverputzten Wänden rieselte.

Nur ein einziger der geflüchteten Journalisten griff, schon draußen auf der Straße angelangt, einer Eingebung folgend in seine Hosentasche, holte zwei rosarote Oropaxbällchen hervor, verstopfte sich die Ohren und fühlte sich darob in der Lage, zum Konzertsaal zurückzukehren und über das Ereignis bis zum bitteren Ende zu berichten.

Natürlich berichtete er negativ, konnte aber das Klangphänomen nicht verschweigen.

Schon nach zwei Tagen häuften sich in Jagemanns Direktion die Anfragen aller großen Opernbühnen, um Herrn Homolka unbesehen, beziehungsweise ungehört für bedeutende Partien zu verpflichten.

Homolka gab zwar nie in seinem Leben wieder einen Liederabend, aber seine mächtige Stimme füllte von nun an die berühmten Opernbühnen in aller Welt. Ja, er überfüllte sie derart, daß es üblich wurde, bei seinen umjubelten Auftritten zum Programmheft gratis ein Paar Ohropax zu reichen. („Homolkopax" hießen sie fortan beim sachverständigen Publikum.)

Daß inzwischen Jagemanns Konzertdirektion aufblühte und sich wie ein Hefeteig aufblähte, nimmt wohl niemanden wunder. Der Agent brachte in rascher Folge weitere Sänger mit ähnlichen Bombenstimmen heraus. Sodann gebot ihm sein Instinkt, vorerst einzuhalten, da ein zu großes Angebot bekanntermaßen sowohl Nachfrage wie Wirkung beeinträchtigt

„Man ist schließlich nicht nur Künstler, sondern auch Geschäftsmann", pflegte sich Herr Jagemann (der „tolle Arno" hieß er jetzt) seinen Freunden gegenüber zu äußern.

Seine nun wohlgenährten „Ideale" saßen ganz oben an der reichgedeckten Festtafel, vollgestopft mit Jagemanns Erfolg, dessen köstliche Attribute aufzuzählen und auszuschmücken mir der Leser ersparen möge.

Denn wer kennt sie nicht? Vielleicht nicht an sich selbst, aber bestimmt bei den lieben Nächsten, Freunden und Bekannten; ebenso bewundert wie verachtet und geneidet.

Jagemann prägte den geistvollen Satz, daß der Mensch sich schneller und leichter an das Gute als das Schlechte gewöhne und trug seinen Reichtum mit Würde. „Meine Verantwortung" bezeichnete er denselben, und es ist nicht auszuschließen, daß er sogar davon überzeugt war.

Auf jeden Fall verlor er nicht den Kopf, wie so mancher in ähnlicher Lage, sondern baute seine Stellung weiter aus, um gewissen „Eventualitäten" begegnen zu können, wie er seinen engsten Freunden vertraulich zuflüsterte.

Doch darüber später ausführlich.

Unzertrennlich von ihm blieb Aloys Mögle, über dessen Position und Tätigkeit kein Mensch Genaues wußte. Es kursierten zahllose Gerüchte, deren Aufzählung sich erübrigt, da sie samt und sonders falsch waren.

Fest steht, daß er fast den ganzen Tag in einem abgelegenen Raum, der nicht mit Jagemanns neuen Prachträumen in Verbindung stand, verbrachte. Was er dort trieb, blieb wie erwähnt unbekannt.

Eine Reinemachefrau hatte als einzige Person (Jagemann natürlich ausgenommen) zu dem Anbau Zutritt. Nicht von ungefähr schien sie derart mangelhaft mit der Gabe des gesprochenen Wortes ausgestattet, daß aus ihr nichts Interessantes herauszulocken war. Soviel über Jagemanns veränderte Verhältnisse. Persönlich hatte er sich ein distinguiert-schweigsames Wesen zugelegt, das alle neugierigen Fragen im Keim erstickte und zwar ein wenig rätselhaft wirkte, die meisten aber überzeugte.

Die Katastrophe brach aus heiterstem Himmel hernieder. Xaver Homolka gab wieder einmal ein Gastspiel an der Metropolitain-Oper New York mit Verdis beliebtem „Troubadour."

Er zählte zu den besten Pferden in Jagemanns illustrem Stall, als der erste zu Weltruhm gelangte Sänger der Jagemannschen Konzertdirektion, dessen Ruhm aus der Misere einer verfehlten Sanges-Laufbahn raketengleich emporgeschossen war. Am Anfang hatte er einige Wochen böse Frage-Torturen seitens der wissensdurstigen Presse durchstehen müssen.

Da der Sänger mit eigenen Erklärungen vermutlich alles verdorben hätte, war der vorausschauende Impresario so klug gewesen, einen sorgsam durchdachten Antworttext für die unvermeidlichen Fragen aufzusetzen. Homolka mußte wohl oder übel den ganzen Sermon auswendig lernen, zusätzlich einiger kunstvoller Varianten „für alle Fälle", um die Angelegenheit glaubwürdiger darbieten zu können.

Das Ganze bestand aus einer ziemlich langen Abhandlung über Stimmbandveränderungen und sanges-methodische Entdeckungen, die der Tenor nach jahrelangen, erfolglosen Mühen sensationellerweise „über Nacht" gemacht hatte. Die Erklärung war nicht nur lang, sondern auch langweilig, dazu selbst für Kollegen vom Fach so gut wie unverständlich.

Infolgedessen schluckte die Allgemeinheit sie ohne nennenswerten Widerworte, hörte nach geraumer Zeit mit der Fragerei auf und bestaunte nur noch ehrfürchtig das Phänomen.

Um das New-Yorker Debakel mit allen Einzelheiten schildern zu können, ist es notwendig, vorher einige Streiflichter auf des Sängers Charakter fallen zu lassen.

Unumwunden muß eingeräumt werden, daß Xaver Homolka seiner plötzlichen Berühmtheit nicht gewachsen war.

Erstens wurde er gezwungen, sein Opern-Repertoire in rasender Eile zu vergrößern, da man von heut auf morgen sämtliche bedeutenden Tenor-Partien von ihm verlangte.

Zweitens stand er nicht mehr wie bisher im Rampenlicht kleiner und kleinster Provinztheater, sondern hatte Abend für Abend an den größten Bühnen der Welt seine Stimme unter Beweis zu stellen.

Angesichts dieser veränderten Situation machte der Sänger die fatale Entdeckung, daß die Realitäten leichter zu ertragen waren, wenn er vor seinem Auftritt einen kleinen Cognac seine Kehle hinabrinnen ließ.

Dies wird manchen Sangeskollegen entsetzen, aber Homolkas Stimme schadete der Alkohol in keiner Weise. Im Gegenteil, seine Hemmungen und das Lampenfieber verschwanden, er fühlte sich als wirklich großer Sänger und wurde darob fast einer.

Wie der Leser bang vorausahnt, blieb es nicht bei dem einen Gläschen. Ein paar mal bereits hatte Jagemann im letzten Moment eingegriffen und dem Unseligen ernste Vorhaltungen über seinen vermeintlichen Leichtsinn gemacht.

Homolka schwor zwar jedesmal Besserung, aber da die unselige Angewohnheit bei ihm kein Leichtsinn, sondern Verzweiflung war, blieben seine guten Vorsätze illusorisch.

Jedermann weiß, daß die „Met" in New York eines der berühmtesten Opernhäuser der Welt ist, und natürlich wußte auch Homolka das nur allzu gut.

Zu Beginn seiner großen Karriere hatte er schon einmal dort gastiert und vor lauter Nervosität zweimal „geschmissen" - die Fachbezeichnung für den Alptraum des Steckenbleibens, des Gedächtnisfehlers.

Da Homolka sich zurecht sagte, daß dies unter keinen Umständen noch einmal geschehen dürfe, trank er vor seinem zweiten Auftritt in dem berühmten Haus erst ein Gläschen, dann zwei Gläschen und schließlich eins zuviel.

Die Aufführung rollte anfänglich glanzvoll über die Bretter.

Xaver Homolka sang in Verdis „Troubadour" die Partie des

„Manrico" und fühlte sich leichtbeschwingt und in Form wie nie zuvor.

Beifallsumbraust ging er in den dritten Akt.

Das Publikum im überfüllten Theater erwartete sein Erscheinen voller Begeisterung und mit den obligatorisch ohropaxverstopften Ohren. Ein Teil der Zuhörer hatte sich sogar zusätzlich Pelz- und Wollmützen übergestülpt, um des Sängers allzu machtvollen Gesang ein wenig abzudämpfen.

Dann geschah es.

Bevor Homolka-Manrico zu der berühmten Stretta ansetzt, muß er laut Regie etliche unregelmäßige Stufen eines (Papp-) Felsens erstürmen.

Homolka stürmt, stolpert, fängt sich in letzter Minute und ringt keuchend nach Luft.

Als nächstes hört ihn das Publikum laut husten, und die ganz vorn Sitzenden erzählen noch Jahre später, wie sie einen kleinen, weißen Ball aus Homolkas Mund hüpfen sahen.

Das Bällchen rollte munter und scheinbar zielstrebig auf den Souffleurkasten zu, in dem es, nur für wenige hörbar, mit einem leichtfertigen „Klick" verschwand. Dagegen sahen alle den Tenor fahrig-erschreckte Bewegungen mit vortastenden Armen in dieser Richtung vollführen, und alle hörten in der folgenden Totenstille die gezischten, sich in der Lautstärke steigernden Stichworte aus dem rettenden Kasten:

Einmal, zweimal, dreimal.

Dann schien sich Homolka zu fangen. Pflicht- und vertragsgetreu riß er seinen Mund auf und begann aufs Neue zu singen.

Aber das homolkopax-verstopfte Publikum vernahm nichts, bis sich einige Superkluge das Wachs aus den Ohren rissen und ein zitterndes, armseliges Stimmchen kraftlos und geisterhaft durch den Raum irren hörten.

In diesem kritischen Moment raffte Herr Homolka seinen ganzen Scharfsinn zusammen und ließ sich ohnmächtig zu Boden sinken.

Er hielt die Augen fest geschlossen und setzte alles daran, einen perfekten Kreislaufkollaps zu mimen.

Es gelang ihm ausgezeichnet – auch ein Opernsänger verfügt bisweilen über schauspielerische Fähigkeiten – und man trug ihn ergriffen hinaus.

Wir lassen jetzt den Verzweifelten von Ärzten umringt auf der Couch seiner Garderobe liegen und wenden uns weitaus interessanteren Geschehnissen zu.

Eigenartigerweise spielten sich diese im Flüsterkasten ab.

Die Souffleuse, eine Deutsche mit Namen Margret Attendorn, war eine ehemalige Sängerin, die im Verlauf jenes unvermeidbaren Prozesses, den wir erbarmungslos mit „Altern" zu bezeichnen lieben, ihre Stimme eingebüßt hatte, aber zufrieden mit ihrer zwar untergeordneten, wenn auch keineswegs unbedeutenden Stellung nun im Souffleurgehäuse der „Met" residierte.

Frau Attendorn fing geschickt jenes runde, gummiartige Ding auf, das so programmwidrig in ihren Souffleurkasten hineingeschossen kam und drehte es neugierig in ihren Händen, während man draußen Homolkas künstlich geohnmachteten Reste von der Bühne entfernte.

Sie wartete geduldig auf eine Fortsetzung der Vorstellung, spielte mit dem obskuren Bällchen herum und konnte sich seine Bedeutung nicht erklären. Noch viel weniger, warum es ausgerechnet Herrn Homolkas Mund entschlüpft war, was sie sehr wohl gesehen hatte. Als ungewöhnlich intelligente Frau ließ sie im Geiste den rätselhaften Vorgang rückwärts abrollen, was zwangsläufig dazu führte, daß sie schließlich – ein bedeutsamer Augenblick! – den Ball in den Mund nahm, wobei ihr leicht eklig wurde, obwohl sie Herrn Homolka sehr verehrte.

Inzwischen erschien auf der Bühne vor dem pietätvoll niedergelassenen Vorhang der Operndirektor persönlich und gab den Abbruch der Vorstellung bekannt, da Xaver Homolka ernstlich erkrankt und kein ebenbürtiger Ersatz zur Hand sei.

In ihrem unterirdischen Gehäuse überhörte Frau Margret

die wohlgesetzte Rede völlig, da sie ganz davon in Anspruch genommen war, das ballartige Ding in ihrem Mund richtig zum „Sitzen" zu bringen.

Ich will den Leser nicht mit einer detaillierten Beschreibung dieses Apparates langweilen, da infolge der Kompliziertheit des kleinen Kunstwerkes eine technische Analyse den Rahmen unseres begrenzten Berichtes sprengen würde.

Um aber einen, wenn auch bescheidenen, Versuch nicht ganz unterlassen zu haben, wage ich die Behauptung, daß es bei genauerem Hinsehen ein Mittelding zwischen einem winzigen Radiogerät und einem künstlichen Gebiß, umkleidet mit einer kautschukartigen Masse, darstellte.

Frau Attendorn sah sich auch später nicht in der Lage, erklären zu können, woher ihr plötzlich die Gewißheit des korrekten Sitzes besagten Bällchens kam. Ebensowenig wußte sie, was sie auf die Idee brachte, mit dem runden Ding im Mund ihre fast vergessenen Gesangeskünste wieder hervorzuzaubern.

Was immer die Ursache für ihre erstaunliche Intuition gewesen sein mag – sie ändert nichts am Ablauf der sich nun überstürzenden Ereignisse: Noch während das Publikum, sowohl erschüttert über Homolkas Zusammenbruch, wie verärgert über den verfrühten Opernschluß, dem Ausgang zustrebte, erhob sich aus der Tiefe des Souffleurkastens Margret Attendorns wiedererstandene, neuverstärkte, markerschütternde Stimme über das Aufbruchsgeräusch der ins Freie stampfenden Masse.

Einige wurden aufmerksam, aber sie konnten unmöglich die in Bewegung befindliche Menge bremsen.

Das Haus leerte sich, und Margret *sang* – eng umlagert vom Direktor bis zum letzten Bühnenarbeiter. Die meisten stopften sich als primitiven Hörschutz ihre Finger fest in die Ohren, da im Augenblick keiner Ohrenwachs zur Hand hatte.

Wir verlassen jetzt auch Margret Attendorn, von der vollständigkeitshalber und traurigerweise nur zu berichten bleibt, daß sie durch die seelische Erschütterung (vielleicht auch infolge der physischen im Gehirn) einen Herzanfall erlitt und kurz darauf verschied, ohne sich des längeren ihrer neuen, gleich Phönix der Asche entstiegenen künstlichen Stimme widmen zu können.

Wir verlassen ebenso endgültig Herrn Homolka, der durch den machtvollen Gesang der Souffleuse aus seiner Pseudo-Ohnmacht aufgestört wurde. Voll böser Ahnungen eilte er hinzu und wohnte somit seiner eigenen Entthronung persönlich bei.

Der ihn darauf zu Boden streckende ehrliche Nervenzusammenbruch war glücklicherweise leichter Natur, da der Sänger keine so empfindsame Konstitution besaß wie die bedauernswerte Frau Attendorn. Bevor Homolka zum zweiten Male zu Boden ging, gelang es ihm noch, ein unmißverständliches Telegramm an Jagemann loszulassen.

Erst dann überließ er sich entspannt den Ärzten und gönnte sich einen achtwöchigen Sanatoriumsaufenthalt.

Wir dagegen begleiten Homolkas Hiobsbotschaft von New York bis zu Jagemann und Mögle, die sich das Telegramm gegenseitig aus den zitternden Händen reißen.

Erste Pressemeldungen rasen um die Welt. Noch ist man in Journalistenkreisen nicht einig, ob über aufgedeckten Schwindel oder die größte technische Erfindung auf dem Gebiet der Künstlerischen Tonverstärkung zu berichten sein wird.

Der weitere Verlauf der Angelegenheit erlöst sie gnädigerweise von ihrem Gewissenskonflikt.

Vielleicht erinnert sich der Leser an meine Bemerkung, daß Jagemann in den Tagen seiner ersten Erfolge nicht größenwahnsinnig wurde, sondern, wie er sich ausdrückte, „Eventualitäten" vorzubeugen begann.

Nun war es soweit.

Bereits am Tage, der dem New Yorker Skandal folgte, erschien ein groß aufgemachtes Interview in der heimischen Presse. Wenn auch mit abwartenden Einschränkungen versehen, erlaubte sich der vorsichtigerweise unter Pseudonym schreibende Berichterstatter, gewaltige Veränderungen in der Welt des Gesanges zu prophezeien.

Auf einem ganzseitigen Foto daneben Arno Jagemann und Aloys Mögle, ersterer leutselig schützend die Managerhand auf Mögles breiter Schulter.

Aber obwohl der Agent zweifellos von Anbeginn die Tragweite der Mögleschen Erfindung erkannt hatte, mußte er sich damit abfinden, von nun an seine Konzertdirektion unter der Bezeichnung „Mögle & Jagemann" zu führen. (Man beachte die Reihenfolge der Namen!)

Trotz dieser für Herrn Jagemann gewiß recht schmerzlichen Führungseinbuße trug sein „Eventualitätenschutz" quasi als Ausgleich goldene Früchte. Die rechtzeitige Patentierung des Mögleschen „Stimmwunders" unter dem Namen „Caruso in jedem Haus!", und Jagemanns gepfefferte Beteiligung an dessen Auswertung fesselte die beiden auch weiterhin eng aneinander. Jagemanns weise Voraussicht hatte sich indes keineswegs auf die Patentierung allein beschränkt.

Bereits kurze Zeit nach Homolkas sensationellen Erfolgen mußte Mögle weitere, aber gezählte „Stimmwunderbälle" basteln, um die von Jagemann sorgfältig ausgewählten Nachfolge-Sänger, die selbstverständlich ebenfalls seiner Agentur angehörten, vermittels des Wundergerätes gleich Homolka an den Sangeshimmel katapultieren zu können.

Aber auch das hatte dem Impresario nicht genügt.

Unabhängig von den wenigen, inzwischen verwerteten Apparaten wurde dem nur knurrend gehorchenden Mögle befohlen, weitere fünfzig Stück des Stimmwunders herzustellen und als den bereits erwähnten „Eventualitätenschutz" zurück- beziehungsweise bereitzuhalten.

Noch in der Nacht der Katastrophenmeldung zeigte sich Jagemann somit als Herr der Lage, indem er kaltblütig den Verkaufspreis für die musikalisch interessierte Öffentlichkeit festsetzte.

Er hatte recht, besser, klug gehandelt, denn schon nach wenigen Stunden – auf welche Weise die Nachricht in so kurzer Zeit die gesamte Sängerwelt durchrasen konnte, blieb ewig ein Rätsel - überfiel eine Gruppe von Sängern, männlichen und weiblichen Geschlechts, Jagemanns Direktion.

Dieser erste Sängertrupp, der noch zu einem durchaus erschwinglichen Preis in den Besitz eines „Stimmwunders" gelangte, stürmte schon wenig später die Opernhäuser.

Es stand ihnen frei, sich die bestbezahltesten Engagements auszuwählen, da jede Bühne einem Sänger mit nachgewiesenem Stimmwunder Höchstangebote machte; gleichgültig, ob sie Meier, Schulze oder Müller hießen, und gleichgültig, wie ihre musikalische Vergangenheit, gesetzt den Fall, sie besaßen eine solche, aussah. Als der Mögle-Jagemannsche Stimmwunder-Nachschub nach dem Anlaufen der serienmäßigen Produktion im Anschluß an die innerhalb weniger Tage vergriffenen fünfzig Stück endlich zufriedenstellend funktionierte, dröhnten die Bühnen der Welt von den Stimmen der Wunder-Röhren-Organe wider.

Ja, einige nicht ganz solide gebaute Opernhäuser jüngeren Datums begannen ob des gewaltigen, akustischen Getöses in ihrem Inneren in Kürze klaffende Mauerrisse zu zeigen.

Von anderen, gravierenderen Folgeerscheinungen negativer Art wurde in der Presse nur wenig berichtet. Es interessierte die musikalische Menschheit nicht sonderlich, daß einige der bis dato besten Sänger der Welt, denen Natur, Fleiß und Ausbildung, aber nicht das „Stimmwunder", ihre Sangeskunst verliehen hatte, Selbstmord begingen. Sie waren fristlos entlassen worden, da nun selbst ihre Stimmen nicht mehr ausreichten, und ihre Inhaber sich standhaft weigerten, das „Stimmwunder" zu schlucken. Wie gesagt, noch wagte keiner so recht, auf die negativen Auswirkungen aufmerksam zu machen, denn die Welt befand sich in einem Taumel durch die Möglichkeit der Klangverstärkung im menschlichen Kopf.

Und als man entdeckte, daß mit dem Stimmwunder im

Mund keiner verpflichtet war, dessen Fähigkeiten unbedingt in lautstarken Gesang umzusetzen, gab es kein Halten mehr. Generaldirektoren waren die ersten, die sich das „Stimmwunder" außerhalb der engen sängerischen Grenzen nutzbar machten: Zur Kräftigung ihrer Position gegenüber Angestellten, Geschäftspartnern und Konkurrenten brüllten sie nun ihre Befehle und Anordnungen in mitreißender Lautstärke.

Andere Berufe zogen nach, wobei verständlicherweise das Militär den Löwenanteil benötigte; sodann folgten Lehrer, Polizisten, Beamte und Regierungsmitglieder bis in die höchsten Ränge.

Aber diese Ausweitung bedeutete erst den Anfang.

Das Stimmwunder, inzwischen umgetauft vom „Jedermann-Caruso" auf „Macht durch Deine Stimme!" brach jetzt unaufhaltsam in das Privatleben der Menschen ein.

Während man früher für Auto, Eigenheim und Fernseher sparte, wurde es nun üblich, das „Stimmwunder" auf Raten abzustottern. Unterjochte Ehemänner hofften, damit ihre verlorengegangene Vorrangstellung aufs Neue auszubauen, (was natürlich fast ebenso häufig mit umgekehrten geschlechtlichen Vorzeichen praktiziert wurde) und verzweifelte Eltern versuchten mit dem „rasenden Ball" im Mund ihre antiautoritär entfesselten Kinder zu bändigen. Und selbst der Lärm von Maschinen, Fabriken und Flugzeugen, das Getöse unserer ganzen technisierten Welt wurde erbarmungslos übertönt von den gellenden Stimmen der Menschheit.

Erst als es fast zu spät war, die Bevölkerung durch Herzinfarkte und Gewalttaten dezimiert wurde, die Irrenanstalten vor Überfüllung und Grauen zu bersten drohten, als sich die Menschheit am Rande kollektiv ausbrechenden Wahnsinns ihre Vorstellungen von der ersehnten Macht ins längst ertaubte Ohr schrie – erst als es fast zu spät war, griff endlich die Regierung ein.

Und das Paradoxe geschah: Das Übel richtete sich mit seinen eigenen Waffen. Denn das neue Gesetz, in welchem der

Besitz eines „Stimmwunders" unter Todesstrafe gestellt wurde, konnte einzig durch jene berühmte Anti-Stimmwunder-Ansprache, die am Tage darauf ungekürzt sämtliche Zeitungen füllte, durchgedrückt werden.

Was nicht in den Blättern stand:

Vor Beginn der bedeutsamen Gipfelkonferenz hatten die Abgeordneten untereinander ausgemacht, während der Sitzung das „Stimmwunder" nicht zu benutzen, um eine erträgliche, faire und normale Atmosphäre zu schaffen. Als diese Atmosphäre so normal wurde, daß man zu keinem Ergebnis gelangte, ja, daß man dicht daran war, als einzigen Entschluß den zu fassen, gar keinen zu fassen – in diesen Augenblicken höchster Gefahr zog Kultusminister Hartkopf mit einer blitzschnellen, verstohlenen Bewegung verbotswidrig das unheilbringende kleine Ding aus der Hosentasche, kaute es gekonnt in den Mund und hatte in Kürze sämtliche Protestrufe der übrigen Versammelten erfolgreich niedergeschrien.

Nach nur zehn Minuten intensiver Brüllerei über die chaotischen und lebensbedrohenden Auswirkungen des Machtballes reichte Hartkopf mit drohendem Blick den Erlaß zur Unterschrift herum.

Zitternd unterschrieb der ganze eingeschüchterte Haufen, verstörte Seitenblicke auf des Ministers inzwischen gnädig geschlossenen Mund werfend.

Erst als alle unterzeichnet hatten, nahm Kultusminister Hartkopf den kleinen Ball aus der natürlichen Sprechöffnung seines Gesichts, warf ihn triumphierend zu Boden und trat fest mit dem Fuß darauf.

Zum allgemeinen Entsetzen gab der Apparat beim Aufprall auf die Erde, kurz bevor der Absatz von Minister Hartkopf ihn knirschend zermalmte, einen letzten, unmenschlich-grausigen Schrei von sich.

Am folgenden Tag prangte das neue Gesetz an allen Anschlagsäulen und wurde stündlich durch Radio und Fernsehen bekanntgemacht.

Wer der empfindlichsten aller Bestrafungen entgehen wollte, tat gut daran, das „Wunder" unverzüglich zur Vernichtung in den angegebenen Sammelstellen abzuliefern.

Nach weiteren vierundzwanzig Stunden lag die Welt wieder in tiefstem Frieden.

Die Menschheit rettete aus den Trümmern, was ihr zu retten wert schien und pflegte die angegriffenen Nerven.

Vor allem aber versuchte sie zu *vergessen,* um so rasch wie möglich Auge und Ohr einem neuen Wunder Tür und Tor öffnen zu können.

Wiedersehen mit Benedikt

Als die grüne Dämmerung des Waldes ihn aufnahm, begann alle Unrast von ihm abzufallen.

Er seufzte vor Erleichterung; es war ihm gelungen, den Weg wiederzufinden.

Die Nachmittagssonne flimmerte in unzählbaren Silberflekken durch das Laub der hohen Bäume.

Martin blinzelte angestrengt auf den schmalen Fahrweg, um nicht in einen der zwei tiefen Gräben zu geraten, die ihn auf beiden Seiten begrenzten.

Immer langsamer holperte der Wagen durch das Dickicht des Waldes.

Die Lichtflecken auf dem fast zugewucherten Weg wurden spärlicher, und schon perlten kleine Schweißtröpfchen von der Stirn des Fahrers, als sich unerwartet die Fahrspur wieder verbreiterte. Martin hielt an der Einmündung zu einer großen, parkplatzähnlichen Fläche, die dem unkrautüberwachsenen Aussehen nach zu urteilen aber nur selten als Abstellplatz benutzt wurde.

Er war am Ziel.

Trotzdem verharrte er weiter vor dem leeren Platz und starrte auf das alte, mit grauen Schindeln besetzte und von mächtigen Bäumen umstandene bäuerliche Gehöft, das am gegenüberliegenden Teil des Platzes die Weiterführung des Weges unwiderruflich beendete.

Schließlich fuhr er zögernd auf die öde Fläche vor. Er stellte den Motor ab, ohne den Blick von dem verfallenden Gebäude zu wenden.

„Zur alten Mühle" stand auf dem verrosteten Schild, das schief über dem Eingang baumelte. Die Farbe war längst abgeblättert, und die Schrift kaum zu entziffern.

Unsicherheit und Angst bemächtigten sich Martins aufs neue. Um ihn brütete die Stille eines heißen Frühsommertages. Nicht ein einziger Vogel war zu hören.

Noch immer konnte sich Martin nicht entschließen auszusteigen.

Bewegungslos hielt er den Griff der halbgeöffneten Wagentür mit einer Hand umklammert. Durch den oberen Rand der Windschutzscheibe sah er, wie sich in dem Stück offenen Himmels über ihm dicke, grauschwärzliche Wolken zusammenballten.

Er neigte den Kopf schräg zur Seite und begann in der für ihn typischen Weise zu lauschen.

Aber das sehnlichst erwartete Rauschen des alten Mühlrades blieb aus. Nur das sanfte Gluckern eines Baches nahmen seine scharfen Musikerohren mit einer gewissen Befriedigung wahr. Und dieses Geräusch besaß nicht die mindeste Ähnlichkeit mit dem Tosen und Brüllen der Wassermenge, die ehemals durch den engen Holzkanal strömte, bevor sie mit elementarer Wucht über das ächzende und sich nur widerwillig drehende riesige Rad mit donnerndem Getöse in die Tiefe hinabschoß– in Martin unablässig variierende Melodien und Klänge hervorzaubernd.

Jetzt schwieg das Rad.

Trotz einer ihn plötzlich überkommenden Ernüchterung bereute er nicht, Ilse eine glaubhafte Erklärung für seine Reise schuldig geblieben zu sein.

Seit geraumer Zeit verhielt sie sich ihm gegenüber recht abweisend, und ihr feiner, schmaler Mund war nach der stockenden Mitteilung ihres Mannes am Abend zuvor, er wolle einen alten Freund treffen, noch nadelspitzer und unzugänglicher geworden.

„So? Einen alten Freund? Kenn ich ihn? Na, ist ja gleichgültig. Ich bin nicht neugierig. Du kannst tun und lassen, was du willst. Warum hast du nur diesen entschuldigenden Tonfall an dir?!"

Sie biß sich nach der für sie ungewohnt langen Rede auf die Lippen und starrte in einem brüsken Sich-Abwenden an ihm vorbei.

Martin setzte zu einer Entgegnung an, kam aber über einen mißglückten Ansatz nicht hinaus. Als die Tür hinter Ilse zuschlug, preßte auch er den Mund zusammen und gab endgültig auf.

Es war sinnlos, er mußte allein damit fertig werden.

Kaum war Ilse fort, begann wieder das in den letzten Jahren immer stärker gewordene Brennen in der Brust, das Brennen und der Schmerz – die verzehrende Sehnsucht nach Benedikt.

Er fühlte sich nicht mehr imstande, der Begegnung länger auszuweichen.

All die Jahre hatte er erfolglos versucht, Benedikt aus seinen Gedanken und Wunschvorstellungen zu verdrängen, versucht, glücklich und zufrieden mit seiner Frau und gutem Einkommen in seinem relativ sicheren Beruf als Orchestermusiker zu leben. Aber nun konnte er nicht mehr.

Er mußte Benedikt wiedersehen.

Ihre Wege hatten sich vor über fünfzehn Jahren getrennt, hier in der alten Mühle, deren Rad sich damals noch schwerfällig drehte, damals, als sie voneinander Abschied nahmen.

Zwar hatte sein Herz geblutet, aber er vermochte seinen Kummer hinter wütendem Zorn zu verbergen.

Die Entscheidung war gefallen, es blieb keine andere Wahl. Wirklich nicht?

Seit jenem Tag hatte der Zweifel sein zersetzendes Nagen begonnen. Von Jahr zu Jahr wuchs Martins Sehnsucht nach dem Verlorenen, freiwillig Aufgegebenen; ganz schlimm wurde es, als sich Neid und Eifersucht hinzugesellten.

Jetzt würde er ihn wiedersehen: Benedikt!

Es war nicht einfach gewesen, eine Verbindung herzustellen. Immer wieder entglitt ihm der Freund.

Zuletzt wurde auch Martin schwankend.

Hatte eine Begegnung nach so langer Zeit überhaupt einen Sinn? Was konnte dabei herauskommen? Warum gab er sich nicht mit den Tatsachen zufrieden?

Die wichtigste Tatsache blieb nach wie vor, daß Martin im Leben nichts allzu Rühmliches und Außergewöhnliches erreicht hatte.

Zuallerletzt dämmerte ihm die furchtbare Erkenntnis, wie sehr ihm bei aller Sehnsucht vor dem Wiedersehen mit Benedikt graute. Als es soweit mit ihm gekommen war, erfaßte ihn plötzlich eine maßlose Wut, die ihn unaufhörlich rüttelte und nicht mehr losließ, bis er heute früh das Haus verlassen hatte.

Er hörte wohl, daß auch Ilse in ihrem Schlafzimmer nebenan aufgestanden war. Aber sie kam nicht zu ihm herüber, und er hatte ebenso vermieden, sich zu verabschieden.

Es fehlten ihm der Mut und die Lust, Erinnerungen an den Blick ihrer gleichzeitig anklagenden wie sich gleichgültig abwendenden Augen mit auf die lange Fahrt zu nehmen.

Er ließ auf dem Küchentisch einen handgeschriebenen Zettel zurück: „Hoffe, heute Abend wieder da zu sein. Wenn nicht, komme voraussichtlich im Laufe..."

Unmöglich. Er zerriß das Papier.

„Komme spät in der Nacht zurück. Vielleicht erst morgen. Liebe Grüße, Martin."

Enorme stilistische Verbesserung.

Er verzog das Gesicht, verwandelte das große „K" von „Komme" in ein kleines und quetschte ein „Ich" davor: „Ich komme ..."

Nicht ganz so geschäftsmäßig.

Finster starrte er auf den verschmierten Wisch.

Standen sie inzwischen so miteinander, daß er über einer solchen Nachricht wie ein unfertiger Schüler brütete?

Noch vor ein paar Jahren hätte er einen schwungvollen Satz hingepfeffert, mit einer kleinen, frechen Wendung zum Schluß, ihres fröhlich-vertrauensvollen Gelächters gewiß.

Aus? Vorbei? Für immer?

Er wußte es nicht.

Schleppenden Schritts verließ er das Haus.

Die Fahrt war weit und wollte kein Ende nehmen. Einige Male verfuhr er sich, weil er sich nicht auf Straßen- und Wegkarten konzentrieren konnte.

Vor zwei Tagen hatte er die Telefonnummer der alten Mühle

ausfindig gemacht und auch tatsächlich eine Verbindung erreicht.

Wie ein Alptraum war plötzlich der Gedanke in ihm aufgestiegen, der Gasthof existiere womöglich nicht mehr oder habe geschlossen.

Martin mußte mindestens zehn Mal läuten, bevor der Hörer abgehoben wurde.

Eine unpersönliche Frauenstimme erklärte, die Wirtschaft sei natürlich geöffnet, „Ruhetag ist am Montag, nicht Dienstag", so, als habe er das zu wissen, „und warme Speisen gibt es unter der Woche nicht, auch keinen Kuchen."

Danach war die Verbindung weg.

Eine schwachsinnige Person!

Nun, er hatte Glück; sein Vorhaben wurde nicht durch äußere Widerstände aufgeschoben und dadurch vielleicht endgültig zunichte gemacht.

Und auch Benedikt würde erscheinen.

Martin hatte deswegen keine Befürchtungen mehr. Warum sollte der Freund ausweichen? Es gab keinerlei Grund dazu.

Martin löste sich aus seiner Erstarrung und wußte nicht mehr, wie lange er schon in seinem geparkten Wagen gesessen hatte, den Türgriff in der Hand, unfähig sich zu rühren.

Die Umgebung war ihm fremd und vertraut zugleich.

Zögernd betrat er die ausgetretenen, feuchten Steinstufen, die zum Eingang hinaufführten.

Die äußere Tür knarrte, als würde sie nur noch selten geöffnet. Im Innern hing ein dumpfer Geruch, gemischt aus Bier, Wein und dem abgestandenen Atem eines kaum bewohnten Hauses.

Er schritt durch die geräumige Diele und drückte mit gespielter Sicherheit die Klinke zum Gastraum hinab.

Die Stube kam ihm unverändert vor und wirkte obendrein unerwartet sauber mit dem schönen, gepflegten Parkettfußboden und den makellos reinen Tischdecken.

Aber damals saßen hier stets einige Gäste, meist Einheimische, und sonntags kamen Scharen von Ausflüglern aus den umliegenden Ortschaften.

Jetzt war der Raum vollkommen leer, und Martin fröstelte nach der unnatürlichen Frühsommerhitze draußen.

Er setzte sich an einen Tisch, der am Fenster stand.

Früher hatte er oft da gesessen, weil man von dort eine gute Sicht auf das Mühlrad bekam, beugte man sich nur etwas vor.

Neugierig preßte er das Gesicht an die Scheiben: Ja, das alte Rad war noch vorhanden, aber offensichtlich für immer zur Bewegungslosigkeit verurteilt. Einige Holzschaufeln fehlten, und die restlichen hingen verzerrt und halb abgerissen seitlich herab. Grünes Moos mit lang herunterhängenden Bärten verdeckte lindernd den Verfall.

Martin wandte sich seufzend wieder dem Innern der Stube zu.

War die rotkarierte Tischdecke etwa die gleiche wie vor endlosen Jahren? Er ertappte sich dabei, wie er fasziniert das wohlvertraute Double des Pfeffer- und Salzstreuers in dem kleinen Körbchen betrachtete. Stand es ebenfalls seit fünfzehn Jahren dort?

Als er leichte, beim Näherkommen zögernde Schritte hinter sich vernahm, riß er sich zusammen und versuchte, der fragenden Stimme, die er sofort als die Telefonstimme erkannte, seine Bestellung aufzugeben.

Bier nein – Wein natürlich, in dieser Gegend trank man hauptsächlich Wein – aber damals hatte er kein Geld gehabt – höchstens für ein oder zwei Glas Apfelwein – und heute war es ihm gleichgültig, was er trank – du lieber Himmel – nein und nochmals nein – es war ihm keineswegs gleichgültig, was er heute trinken würde!

Er setzte sich gerade auf und verlangte selbstsicher die Weinkarte.

„Ich warte auf einen Freund", erklärte er nach kurzem Zögern überflüssigerweise, „aber ich fange lieber schon einmal an."

Ein kleines, verkrampftes Gelächter schloß seine ungeschickte Rede ab.

Hinter ihm sagte die Kellnerin ruhig: „Eine Weinkarte gibt es hier nicht. Wir haben außer dem Hiesigen nur einen offenen Rheinwein."

Martin bestellte eine Flasche des „Hiesigen", während die Schritte der Bedienung sich rasch entfernten, und er im Zweifel war, ob sie überhaupt zugehört hatte.

Aber schon kam sie wieder zurück, in der einen Hand die Flasche, in der anderen zwei Gläser.

„Hoffentlich findet der andere Herr, Ihr Freund, den Weg. Es sind nicht mehr viele, die hierherkommen. Sonntags haben wir unsere Stammgäste, aber nur ein paar. Mir ist das sowieso gleichgültig."

Noch bevor Martin den Sinn der letzten trostlosen Bemerkung in sich aufnahm, und ohne seine Weisung abzuwarten, hatte sie geschickt die Flasche entkorkt.

„Danke", sagte er abweisend, als sie ihm einschenken wollte.

Er blickte sie kurz und uninteressiert an und wartete ungeduldig, bis sie wieder fort war.

Erst dann füllte er das vor ihm stehende Glas und hob es bereits zum Munde, bevor er noch die Flasche niedergesetzt hatte. Ohne auch nur den geringsten Geschmack wahrzunehmen, trank er es in einem Zuge aus.

Aber schon nach kurzer Zeit setzte wohltuend die Wirkung ein.

Der Raum schien freundlicher und heller, obwohl die Dämmerung stetig zunahm, und das Farbenspiel der von draußen hereinfallenden Grüntönungen immer stärker dominierte, den solide-nüchternen Charakter der Wirtsstube völlig verändernd.

Er goß sich nach; nur Gott wußte, wann und ob Benedikt, sein Benedikt, kommen würde.

Außerdem konnte man eine zweite Flasche bestellen. Es

war notwendig, in Stimmung zu sein, wenn – falls – der Ersehnte erschien.

Oh, diese ewige, nein, erneute Unsicherheit, die ihn wie ein Raubtier seit seinem Eintritt in die Gaststube angefallen und gelähmt hatte.

Dabei war der Wein nicht einmal schlecht; hatte er tatsächlich beim ersten Glas das köstliche Bukett nicht wahrgenommen?

Als der Pegel der Flasche fast bis zum Grunde abgesunken war, kam Martin aus der weinseligen Stimmung zu sich und überlegte, was zu tun sei.

Wie lange saß er jetzt hier? Er schaute auf die Uhr: Eine halbe, eine knappe Stunde?

Nun, das besagte nichts.

Das Grün im Raum färbte sich von Minute zu Minute dunkler; eine Wohltat für seine von der langen Fahrt und dem angespannten Gucken überanstrengten Augen.

Ein leichter Wind kam auf und mischte sich harmonisch in das leise Plätschern des Baches.

Nur das zerborstene Mühlrad schwieg.

Er bekam plötzlich Appetit. Vielleicht würde ihm die Kellnerin eine Kleinigkeit zubereiten, trotz ihrer negativen Auskunft am Telefon.

Er mußte unbedingt etwas essen, um überlegen und heiter zu wirken, voller Wiedersehensfreude, ganz ohne Neid und Bitterkeit.

Nur dann konnte er aussprechen, was ihm auf der Seele lag.

Um nichts in der Welt wollte er seiner Gedanken nicht mehr mächtig sein.

Er stand auf, und das Quietschen des zurückgeschobenen Stuhles tönte unmelodisch in dem leeren, großen Raum.

Es widerstrebte ihm, die Serviererin laut herbeizurufen. Zögernd ging er auf das im Dunkeln liegende Ende der Wirtsstube zu, wohin das Mädchen verschwunden war, und wo er die Küche vermutete.

Die Küchentür stand einen Spalt offen, und er sah die Kellnerin an einem primitiven, riesigen Tisch sitzen, die Arme aufgestützt und aus dem Fenster starrend.

Er räusperte sich, unangenehm berührt von der zwar sauber aufgeräumten, aber beinahe unbenutzt wirkenden Küche mit der apathisch zusammengesunkenen Gestalt des Mädchens.

„Könnte ich vielleicht etwas Brot und Käse haben? Und bitte noch eine Flasche von dem gleichen Wein." Er murmelte so leise, daß er sich versucht fühlte, die Bestellung zu wiederholen. Aber außer einem Räuspern brachte er kein Wort mehr heraus.

Die Frau wandte sich ihm wohl zu, sah aber so unbeteiligt zu ihm auf, wie sie die ganze Zeit vorher in die grüne Wildnis gestarrt haben mochte. Endlich kehrte ihr Blick, ihn wahrnehmend, zu seinen Augen zurück.

Ohne ein Wort der Bestätigung erhob sie sich, drehte ihm den Rücken und trat langsam an einen großen, altmodischen Kühlschrank heran.

Als sie sprach, zuckte er zusammen, weil seine Gedanken längst wieder woanders waren.

„Ihr Freund ist noch nicht gekommen?"

„Das hat nichts zu bedeuten." Seine Worte überstürzten sich, um ja keinerlei Zweifel aufkommen zu lassen. Dann gelang es ihm zu seiner eigenen Überraschung, seiner Stimme jene Sicherheit zu geben, die ihm der Wein bescherte, und die ihm so oft abging.

„Wissen Sie, wir haben keine genaue Zeit vereinbart. Nur den Tag, nachmittags, gegen Abend."

Er schritt sehr aufrecht in den Gastraum zurück.

Als er sich setzte und den Stuhl dicht an den Tisch zog, bemühte er sich, das quietschende Geräusch zu vermeiden.

„Sie lieben auch keine lauten, unangenehmen Geräusche, nicht wahr?" Diesmal erschrak er ernstlich, weil die Frau dicht neben ihm stand, und er sie nicht hatte kommen hören. Er sah sie an und bemerkte eine winzige Regung der Sympathie in ihrem Gesicht, das sich dabei veränderte und verschönte; zum ersten Mal stellte er fest, daß sie jung und keineswegs häßlich war. Ihre bescheidene Anteilnahme hatte ihn aus seinem Brüten um das ewig gleiche Thema: Benedikt – mein Benedikt – gerissen. Sie war ungeschickt gekleidet, das blonde Haar trug sie unordentlich hochgesteckt –nicht modisch hochgesteckt, verbesserte er sich, sie insgeheim entschuldigend, weil ihm auf einmal bewußt wurde, daß dieses Haar Augen einrahmte, die dank der leichten Wärme des Mitempfindens für ihn unerwartet an Bedeutung gewannen.

– Du hast schöne Augen, dachte er vage und hörte sich laut sagen: „Stimmt, ich hasse alle unangenehmen Geräusche, ich bin Musiker."

Er blickte sofort wieder auf das rotkarierte Tischtuch hinunter, voller Sorge, daß ihre Augen ihn ablenken könnten.

Aber sie blieb stumm abwartend an seinem Tisch stehen.

Es blieb ihm nichts anderes übrig, als erneut hochzuschauen.

In der rechten Hand hielt sie einen Korkenzieher.

„Soll ich, oder wollen Sie selbst?" Mit einer fragenden Gebärde hob sie ihm das Ding entgegen.

– Du hast schöne Hände, wenn du wüßtest, wie inbrünstig wir Musiker die Schönheit von Frauenhänden lieben –

„Nein, nein, danke, lassen Sie mich selbst." Martin erhob sich gemessen, und es gelang ihm zu seiner Erleichterung mühelos, das Ritual perfekt zu vollziehen. Sie nahm den Flaschenöffner sofort wieder an sich, als hätte sie Bedenken, er könne ihn einstecken. Sie blieb weiter bei ihm stehen, und es schien ihm unhöflich zu schweigen.

„Es geht mich ja nichts an; aber sind Sie eigentlich ganz allein hier?" Er schwieg und hätte seine Frage, die ihm aufdringlich und sogar verdächtig vorkam, am liebsten rückgängig gemacht.

„Am Wochenende kommt eine zusätzliche Hilfe aus dem Dorf, in der übrigen Zeit lohnt das nicht." Mit einer undeutlichen Gebärde wies sie in das grüne Dämmerlicht des leeren Saals.

Martin nickte und starrte auf das Gewürzbesteck auf dem Tisch, von ihrer sanft-unpersönlichen Art angezogen. Seine Sympathie für sie steigerte seine Unsicherheit.

Als er endlich die Augen hob, war er kaum erstaunt, daß sie fort war. Angespannt lauschten seine Ohren dem anwachsenden Brausen des Windes, welches allmählich das helle Geräusch des plätschernden Mühlbaches zu übertönen begann.

Ein paar Mal blickte er mit übertrieben auffälligen Bewegungen auf seine Uhr. Schließlich zuckte er die Achseln, und ein lautloses Gelächter schüttelte ihn.

Er füllte sein Glas aus der zweiten Flasche. Die Kellnerin hatte gutes, frisches Brot zu dem Wein mitgebracht, aber er mußte sich zwingen davon zu essen. Käse schien im Hause nicht vorhanden, und sie hatte es nicht für nötig gehalten, dazu eine Erklärung abzugeben.

„Du mußt wach bleiben, Martin", befahl er sich halblaut, „Du mußt denken und diskutieren können, sonst bist du ihm nicht gewachsen! Er darf dich nicht besiegen. Du befürchtest eine Niederlage, gib es zu! Du fürchtest dich davor mehr, als du je das Wiedersehen ersehnt hast! Darum hast du es so lange aufgeschoben. Du hast Angst vor seinem strahlenden, sicheren Auftreten; hast Angst mit hängenden Schultern davonzufahren und dich nicht mehr nach Hause zu wagen, weil du das Leben nicht länger ertragen kannst – du hast Angst, daß er dich wieder verlassen wird, genau wie vor fünfzehn Jahren.

Falls er kommt.

Natürlich kommt er, denn ich, Martin, habe ihn beschworen zu erscheinen und all seinen Glanz vor mir auszubreiten.

Welch Triumph für ihn – aber auch für mich, Martin, der sich endlich dem Nichterreichbaren zu stellen wagt!"

Er warf in einer Geste des Trotzes den Kopf in den Nacken, und plötzlich war der ganze Raum in grelles Licht getaucht.

„Es wurde zu dunkel, ein Unwetter zieht herauf." Sie stand

dicht neben seinem Tisch, und wieder hatte er ihr Kommen nicht gehört.

Martin sah zu ihr auf, aber trotz der Helligkeit und ihrer Nähe vermochte er die Farbe ihrer Augen nicht zu erkennen. Dagegen entdeckte er darin einen besorgten Ausdruck.

Stockend bat er: „Bringen Sie vorsichtshalber noch eine Flasche Wein; er ... mein Freund kann jeden Augenblick hier sein. Dann müssen Sie nicht noch einmal..." Er räusperte sich und überlegte voller Unbehagen, wieviel sie von seinem Vor-sich-hin-Gerede mitbekommen hatte.

„Bitte, sofort!" befahl er ärgerlich, als er ihr deutliches Zögern bemerkte.

„Wie Sie wünschen." Die Besorgnis in ihren Augen erlosch, der abwesende Ausdruck überzog von neuem ihr Gesicht.

„Ach ja, und dann die Lampen – bitte kein Licht", versuchte er einzulenken, „ich sehe wie eine Katze im Finstern, und ich habe nicht die Absicht zu lesen."

Sie würdigte ihn keiner Antwort und huschte fort. Nur das Knacken des Schalters und der Rückfall in die ersehnte Dämmerung verrieten ihm, daß sie zugehört hatte.

Als sie mit der dritten Flasche Wein in der Hand zurückkam, hielt er die Augen starr auf den Tisch gesenkt.

Er fürchtete sich vor ihrem Gesichtsausdruck.

Erst nachdem sie sich entfernt hatte, entdeckte er, daß die Flasche bereits geöffnet war.

Erneut stieg Ärger in ihm hoch.

Und wieder sagte er sich, daß er einzig auf Benedikt eingestellt und alles übrige unwichtig sei.

Als er sich scheinbar beruhigt dem Rest in der zweiten Flasche zuwandte, warf er sein leeres Glas um. Es rollte auf die Tischkante zu, und seine hastige Bewegung, es noch rechtzeitig aufzufangen, war zu ungeschickt, den Sturz zu verhindern.

Das splitternde Geräusch störte ihn, und er bückte sich rasch zum Boden hinunter. Mühselig sammelte er die größten Stücke auf, sie vorsichtig mit der rechten Hand aufhebend und in die linke ablegend, um sich nicht die für einen Violinisten lebenswichtigen Finger der Griffhand zu verletzen.

Sein Kopf dröhnte, aber das Brausen des aufkommenden Sturmes begann alles zu übertönen.

Taumelnd kam er wieder hoch und schüttete die Scherben vor sich auf den Tisch.

Unauffällig blickte er sich um, aber die Kellnerin war natürlich nicht da – jetzt, wo er sie brauchte.

Vielleicht gut so. Vermutlich hätte sie wegen seines Mißgeschicks ein spöttisches Gesicht gezogen.

Und das konnte er unter keinen Umständen ertragen.

Außerdem gab es noch das zweite Glas.

Benedikts Glas.

Er zog es langsam zu sich heran und füllte den Rest der zweiten Flasche hinein.

Dabei versuchte er, das sich zum Sturm aufblähende, pfeifende Tosen des Windes zu ignorieren und konzentrierte sein Gehör auf das angenehme Gluckern in dem sich füllenden Glas. Schon bald erwies sich das als unmöglich, denn der Orkan begann zu jaulen und zu toben wie ein überdimensionaler Hund, der mit nichts mehr zu besänftigen ist.

Als das wolkenbruchartige Rauschen des Regens einsetzte, fühlte sich Martin für einen Augenblick entspannt, weil das Wasser den Kampf mit dem Sturm aufzunehmen wagte, der sofort sein Heulen mäßigte – wie eingeschüchtert von den herabtrommelnden Regenmengen.

Kurz darauf begann das Ächzen.

Martin verharrte bewegungslos, das bereits zu den Lippen geführte Glas mit aufgestützten Ellbogen dicht vor dem Mund in der Schwebe haltend.

Das Ächzen verstärkte sich, quietschende, knarrende Laute mischten sich mißtönend darunter. Rücksichtslos, letzte Widerstände brechend, drängte die Vergangenheit in die scheinbare Abgeschlossenheit des Raumes zu ihm herein, ihn einkreisend und nicht mehr loslassend.

Mit verzerrtem Gesicht versuchte er, durch die dunklen Scheiben nach draußen zu blicken. Dort wurde die Finsternis von einer Laterne auf einem häßlichen Eisenständer aufgehellt. Aber der schwache Lichtkegel warf nur einen armseligen Strahl in die schwarze Undurchdringlichkeit.

Er setzte das ihn hindernde Weinglas auf den Tisch zurück und preßte sein Gesicht so lange gegen an die Scheiben, bis ihn die Kälte des Glases fröstelnd zurückweichen ließ.

Aber er hatte es gesehen: Dicht hinter der Stelle, wo der Lichtstrahl erbarmungslos von der Finsternis verschluckt wurde, glitzerte Wasser auf einer riesigen, dunklen Masse. Einem Koloß der Urzeit gleich, verstümmelt und halb tot, ächzte und knarrte das alte Mühlrad, Leben vortäuschend.

Martin saß jetzt wieder bewegungslos und wartete unbeirrt weiter.

Nur das in kurzen Abständen durch seinen Körper laufende unkontrollierte Zittern zeigte seine steigende Spannung und verriet, daß er noch lebte.

Er machte auch dann keine bewußte Bewegung, als er eine Gestalt die Steintreppe zum Eingang emporsteigen sah. Das weiße Oval des in der Dunkelheit unkenntlichen Gesichts starrte unverwandt zu dem Fenster empor, hinter dem, intensiv lauschend, der Wartende saß.

Aber er konnte unmöglich unterscheiden, ob das Knarren und Quietschen ausschließlich von dem alten Mühlrad herrührte, oder von der sich öffnenden Tür. Letzten Endes war das unwesentlich.

Im dämmrigen Licht schritt der andere ruhig und ohne einen Laut auf ihn zu.

Benedikt war da.

Keiner sprach ein Wort. Dann löste sich die Verkrampfung.

„Laß dich anschaun", flüsterte Martin.

Seine Stimme überschlug sich und behielt diese Färbung bei: hoch, unsicher und eigenartig jung, als er wiederholte: „Laß dich anschaun!" Er blickte verstohlen im Raum umher, aber auch jetzt war niemand anwesend; die Kellnerin hatte sich wohl wieder in die Küche zurückgezogen.

Und jetzt erst tat er das, wozu er sich soeben zweimal selbst aufgefordert hatte. Er versuchte, jede Sekunde zu nutzen und Benedikts Bild ganz in sich aufzusaugen: Zuerst die im Dämmerlicht immer noch kaum erkennbare äußere Erscheinung, um sodann daran zu gehen, auch sein Inneres zu ergründen.

Martin wartete geduldig, bis der Erfolg einsetzte.

Obwohl die trübe Beleuchtung die gleiche blieb, veränderte sich allmählich die verschwommene Erscheinung des Freundes, und wie bei einem endlich scharf eingestellten Filmprojektor nahmen seine Umrisse deutliche Konturen an, bis selbst die unterschiedlichen Farbtöne seines Anzuges leuchtend sichtbar wurden.

Selbstverständlich war der Freund teuer und gut gekleidet.

Seine unauffällige Eleganz beeindruckte Martin tief, denn Benedikt trug die Kleidung mit der lässigen Gleichgültigkeit, wie sie nur von sehr wohlhabenden Menschen zur Schau getragen wird.

Resigniert schüttelte Martin den Kopf. Und wenn er das Doppelte ausgäbe, nie würde er Benedikts Überlegenheit ausstrahlen.

Wie vor fünfzehn Jahren begann der Neid an Martins zerrissenem Herzen zu nagen.

Ein dünnes Lächeln erschien auf des anderen Gesicht.

Ein eigentümliches Lächeln, das ausschließlich die untere Gesichtshälfte veränderte.

Martin blickte bis zu seinen Augen hoch, auch dort das Lächeln suchend. Aber er fand nur viele tief eingegrabene Falten, von denen keine einzige mit dem dünnen Lächeln um den Mund übereinstimmte.

„Warum schüttelst du den Kopf, Martin? Gefalle ich dir nicht mehr?"

Martin errötete wie ein Kind.

„Wie kannst du so etwas fragen! Du weißt doch, wie sehr ich dich bewundere und liebe!"

Benedikt erwiderte nichts, aber Martin kam es so vor, als betrachte der Freund ihn plötzlich mit einem unerwartet intensiven Ausdruck; als sei erst jetzt sein Interesse wirklich geweckt.

„Laß mir Zeit, bitte", bat Martin unglücklich, „ich muß dich in Ruhe betrachten. Seit wie vielen Jahren habe ich diesen Augenblick herbeigesehnt!"

Und nach einer geraumen Weile: „Ja, du hast dich verändert, Benedikt. Die lange Zeit ... oft habe ich versucht mir vorzustellen, wie du aussiehst, sprichst und vor allem – denkst. Kein Wunder, daß ich verwirrt bin. Verzeih mir, bitte!"

Das „Bitte!" kam so flehentlich, als habe er eine unentschuldbare Taktlosigkeit begangen.

Benedikt antwortete auch jetzt nicht, sondern zog mit einer blasierten Bewegung seine linke Augenbraue hoch – eine Bewegung, der Martins Blick sowohl ängstlich wie fasziniert folgte.

Und er sah am äußersten Ende der Braue die fein gezeichnete, aber unübersehbar hervortretende gezackte Linie der Schlagader, die sich senkrecht die Schläfe hinabzog.

Als habe Benedikt die Entdeckung Martins bemerkt, begann er plötzlich mit der linken Hand auf den Tisch zu trommeln.

Voller Bewunderung folgte Martin dem prasselnden Feuerwerk der Triller, die dumpf auf der hölzernen, durch das Tischtuch gedämpften Tischplatte klangen und wagte die nächste Frage, die ihn, kaum ausgesprochen, ob ihrer Banalität ärgerte:

„Bestimmt hast du wahnsinnig viel zu tun?"

Aber diesmal schien er das Richtige gefragt zu haben. Zum ersten Mal entspannte sich die quälend-stockende Unterhaltung durch Benedikts dröhnendes Lachen.

Er warf den Kopf in den Nacken, nahm die trommelnde Hand vom Tisch und fuhr sich damit durch das lange Haar, wobei Martin feststellte, daß es nicht nur an den Ecken der breiten Stirn weit zurückwich, sondern dünn geworden und mit grauweißen Strähnen durchmischt war.

„Viel zu tun? Da hast du den Nagel auf den Kopf getroffen! Du kannst es mir gar nicht hoch genug anrechnen, daß ich den Weg zu dir gefunden habe! Mein Agent hat getobt, weil ich zwei sehr wichtige Proben für mein nächstes Violin-Konzert, eine Uraufführung, schwimmen lassen mußte. Deinetwegen! Aber ich wollte doch gern wissen, wie es meinem alten Martin geht! Du siehst gut aus, Junge! Beinahe unverändert, ehrlich! Bißchen dicker, steht dir aber prima! Na, ist ja auch ein beschauliches Leben, als Geiger so in einem Orchester dahinzufiedeln!"

Das letzte kam leicht herablassend, und Martin zuckte zusammen.

„Beschaulich dürfte übertrieben sein! Ist nicht immer nur Honigschlecken unter der Knute der Dirigenten, von den Kollegen ganz zu schweigen. Und künstlerisch hast du nichts, aber auch gar nichts zu melden! Deine persönliche Kunst mußt du begraben – unwiderruflich! Und ich habe sie begraben, seit vielen Jahren, wie dir bekannt sein dürfte."

Martin lachte humorlos auf.

„Trinken wir!" Und mit einem Blick auf die Scherben: „Das ist alles, was ich zustande gebracht habe!" Wieder das freudlose Lachen. „Du kennst doch meine Ungeschicklichkeit! Martin, der ewige Tölpel!"

Der andere hob das übriggebliebene Glas: „Prost! Auf unser Wiedersehen! Auf Martin, den ewigen Tölpel, den geliebten, von *allen* geliebten Tölpel! Manchmal denke ich im geheimen: Wärst du doch Martin, von allen geliebt – nicht nur von den Parasiten deines Ruhmes!"

Und Martin toastete: "Auf Benedikt, den ich vermißt und bewundert, aber auch beneidet und gehaßt habe!"

Martin trank das Glas aus und setzte es mit einem harten Ruck auf den Tisch zurück, so dicht neben die Scherben, daß sie klirrten.

Er begann wütend damit zu spielen, schob sie hin und her und richtete sie zuletzt auf, in dem Versuch, etwas daraus zu bauen, bis die Splitter mit einem unangenehm schabenden Geräusch in sich zusammenfielen.

„Laß das!" befahl Benedikt scharf und begann wieder, auf den Tisch zu trommeln.

„Du hast mich also gehaßt! Schau an!" Er rieb sich mit einer Hand unablässig die Wange, als habe der Freund ihn geschlagen, während die andere den Trommelwirbel verstärkte.

„Du schneidest dir in die Finger, wenn du weiter aus Splittern Glashäuser zu bauen versuchst, Martin! Was macht das schon; du nimmst dir dann in deinem Orchester vierzehn Tage Krankenurlaub, oder wie nennt ihr das, und damit hat sich´s! Stell dir vor, was bei mir los ist, wenn ich mir die Hand verletze!"

Der Trommelwirbel erlosch, und das Scherbenspiel wurde eingeschränkt.

„Nimm nur einmal zwei Wochen ‚Ausfall' an: Die Amerikatournee wäre im Eimer, von der Welt-Uraufführung, zu der ich die gesamte internationale Presse erwarte, ganz zu schweigen! Der finanzielle Verlust ist noch das mindeste. Obwohl auch ich Geld immer brauchen kann. In meiner Position ist das Teuerste nicht gut genug; das fängt an mit Kleidern, Wohnung, Auto, Luxushotels, Reiserei und endet mit der ewigen Suche nach einer immer besseren und allmählich – selbst für mich – nicht mehr erschwinglichen Violine. Für eine halbe Million kannst du schon lange keine Stradivari mehr kaufen!! Die Zeiten sind vorbei. Und wann hab ich je die Muße, den Mammon zu meinem persönlichen Vergnügen auszugeben? Sagte ich Vergnügen? Ein unbekannter Begriff für mich! Du bist bestimmt verheiratet, wie ich auch. Lebensnotwendig", er lachte heiser, „denn ich brauche jemanden, der den ganzen geschäftlichen Kram zuverlässig erledigt. Das heißt, meine Frau ist ein Prachtstück, muß ich zugeben! Sie besorgt alles, Presse und Agenten, und füttert obendrein den Moloch Publikum mit der nötigen Publicity. Gottseidank habe ich keine Kinder, wäre unmöglich. Außerdem hätte mein Weib dann keine Zeit und noch weniger Interesse – ha, ha, ha, laut gelacht – mehr für mich. Umgekehrt habe *ich* keine Zeit für Freundinnen; hast du etwa eine? Natürlich nicht, mein solider Martin! Dabei lerne ich Frauen kennen – ! Du machst dir keine Vorstellung, wie sich die Weiber scharenweise nach jedem Konzert an mich heranmachen, mich verfolgen und versuchen, meine Schlafzimmertür zu stürmen! Aber da hält die Meinige Wache wie ein zweihundertjähriger Eichbaum – im Vertrauen, sie wiegt auch ebenso viele Pfunde – und läßt keine an mich heran. Leider, denk ich oft", er seufzte, „aber ich hätte auch gar keine Zeit für so etwas. Ich brauche meinen Schlaf dringend für mich allein! Wichtiger als alles sind meine Nerven. In letzter Zeit schlafe ich miserabel, nur mit Tabletten, versteht sich. Auch das Herz ist vom Ruhm angefressen – ach, übrigens, wo sind meine Pillen? Eigentlich darf ich überhaupt keinen Alkohol mehr trinken. Na, hier ist ja kein Lauscher anwesend, nicht mal meine Frau. Hoffentlich hat sie mir die Tabletten eingesteckt – ah, da sind sie – unübertreffliches Weib! War nicht einfach, Martin, dem Agenten zu entrinnen; aber meiner Frau entkommen zu sein, ist das größte Meisterstück der letzten Jahre! Keine Ahnung von sowas, wie?"

Martin lachte gequält auf, und Benedikt grub aus seiner inneren Jackentasche ein kleines, mit wertvollen Steinen besetztes Döschen hervor, aus dem er zwei Pillen nahm und hinunterschluckte.

„Gib das Glas her, kleiner Martin!" Er lachte und goß den Wein hinunter. „Eene meene Muh, Müllers Kuh, Müllers Esel, das bist du – Müllers Stier – das sind wir! Ich bin nichts mehr gewöhnt, aber sehr kräftig schmeckt das Zeug nicht! Warum hast du mich ausgerechnet hierher beordert? Ach, weiß schon! Wir waren früher öfters hier, du gefühlsduseliger, nostalgischer Martin! Los, gieß nach!"

Martins Lachen klang längst nicht mehr so verlegen wie zu

Beginn, und auch der Pegel der dritten Flasche sank zusehends.

„Ja, du kennst mich, Benedikt! Genauer, als jeder andere Mensch auf der Welt! Aber *dich* enträtsele ich erst heute – Benedikt, Ursache all meiner Unsicherheit und Verzweiflung!"

Er stockte, und seine breite, offene Stirn zerfurchte sich vor lauter Nachdenken. Aber das währte nur einen Augenblick, dann glättete sie sich wieder, als sei nichts gewesen.

„Natürlich hast du recht: Gefühlsduselig und nostalgisch ist dein alter Martin über alle Maßen! Mein Gott, wie oft habe ich hier in der Nähe der alten Mühle im Sommer im Freien geübt! Beinahe jedes Jahr verlebte ich mit meinen Eltern im Dorf nebenan meine Ferien. Ich kannte jeden Baum, jeden kleinen Wasserfall, jedes vor der Sonne geschützte Fleckchen, wo mich keiner störte, wenn ich meine Geige auspackte und stundenlang spielte.

Später, als ich Musik studierte, wollte der Zufall, daß auch die Musikhochschule nicht weit entfernt lag. Sooft es sich machen ließ, fuhr ich auf dem Fahrrad hierher, die Geige auf den Rücken geschnallt.

Was erzähl ich da, du warst doch immer mit, Benedikt! Oh ja, begabt waren wir schon; aber du besaßest außerdem einen brennenden Ehrgeiz, der mir fast völlig abging. Fast. Ebensowenig hatte ich deine ‚Erfolgsbegabung', wie man so sagt; das heißt, die Fähigkeit, einflußreiche Menschen für sich zu gewinnen und einzuspannen. Diese beiden Eigenschaften fehlten deinem Martin, und er wußte das sehr gut."

„Du übertreibst wie gewöhnlich, kleiner, enthusiastischer Martin!" wehrte Benedikt geschmeichelt ab.

„Laß endlich einmal mich reden! Hör zu: Es folgte mein Abschluß, das Examen. Ich erreichte den Scheideweg, den Punkt, an dem der Weg sich für den Musiker gabelt, und dem überdurchschnittlich Begabten die Wahl zwischen der Konzert- oder Orchesterlaufbahn offensteht.

Bevor ich noch recht wußte, was ich tatsächlich wollte, und ob ich als Violinsolist nicht doch sehr gute Chancen hätte, erhielt ich nach einem ersten Probespiel, das ich auf Anraten eines Freundes quasi nebenbei absolvierte, auf Anhieb ein Stellenangebot in einem der führenden Orchester.

Es kam der Tag, wo wir zum letzten Mal hier waren.

Ich hatte den noch nicht unterzeichneten Vertrag in der Tasche. Wir tranken Apfelwein, und meine Tränen rollten eine nach der anderen in das Glas.

‚Wir müssen Abschied nehmen, Benedikt', flüsterte ich erstickt vor Kummer und Schmerz, ‚ich bin im Begriff, meine Seele und mein Künstlertum zu verkaufen.'

Ich legte den Orchestervertrag vor mich auf den Tisch und den Stift zum Unterschreiben daneben.

Du warst angewidert von den Tränen, mehr noch von meiner Unentschlossenheit: ‚Du mußt wissen, ob du ein Konzertgeiger, ein Virtuose mit ungewisser Laufbahn und noch ungewisserem Einkommen werden willst, aber von künstlerischer Befriedigung getragen – oder ein namenloser, von deinen dir vorgesetzten Dirigenten wie ein kleines Kind gegängelter, gut bezahlter Orchestermusiker!'

Oh, wie gefühllos du mit mir umsprangst! Ich haßte dich zum ersten Male und wollte dich nie wiedersehen.

Ich unterschrieb das Papier und war fortan ‚Musikbeamter' mit sicherem Gehalt, viel Freizeit und relativ wenig Streß.

Wir schieden im Zorn voneinander.

Das ist nun fünfzehn Jahre her.

So lange hat es gebraucht, bis ich den Mut fand, mich endlich dem Unerreichten zu stellen."

Er schenkte aufs neue ein, und Benedikt griff wieder sofort gierig nach dem Glas.

Als er es an die Lippen setzte, bemerkte Martin das Zittern von Benedikts rechter Hand, die kaum imstande schien, das Glas zum Munde zu führen.

Und Benedikt blickte zurück, während ihm der Schweiß

ausbrach und über die Stirn hinabperlte, entlang der gezackten Schläfenader.

„Hast du es gesehen, Martin? Ja, natürlich! Bis jetzt zittert nur die Hand mit dem Glas, aber wenn erst der Geigenbogen vibriert und mir im Konzert vor Nervosität aus der Hand fliegt, zum Gespött von Kollegen und Publikum, dann bin ich erledigt, total und endgültig erledigt. Nicht mehr konkurrenzfähig. Und das ist eine Frage der Zeit; die Bogentechnik war schon immer meine Schwäche! Du weißt es als einziger, sonst niemand.

Als nächstes folgt dann ein Nervenklaps, oder das Herz macht nicht mehr mit. Oder beides.

Ich benötige schon jetzt sehr viele Tabletten, um mich fit zu halten. Die brauche ich dann nur einzusammeln und alle auf einmal zu schlucken. Da ich an das Gift gewöhnt bin, wird es eine ganze Menge sein müssen, aber ich lege mir schon jetzt hier und da eine Tablette beiseite.

Es wird mir gelingen, ich bin ein methodischer Mensch und mache keine halben Sachen.

Ich weiß, was ich will und *nicht* will! Ein Leben ohne Ruhm ist für mich nicht lebenswert. Kannst du das verstehen? Kaum. Denn du bist Martin. Mein Gott, wenn du wüßtest, wie oft ich dich beneide und in deine Haut zu schlüpfen versuche! Ich bitte dich nur um eines: Haß mich nicht mehr, Martin! Es gibt keinen Grund dazu, weder zum Haß noch zum Neid."

Benedikt erhob sich, setzte das Glas an und trank es aus.

In verändertem Ton fügte er hinzu: „Verdammt wässeriges Zeug! Ist die Flasche wirklich leer? Ich weiß wirklich nicht, was du an dieser Kneipe so bemerkenswert findest! Du läßt dir auch alles aufschwatzen! Teufel, ich hab schon viel zu viel Zeit verschwendet! Aber wenn ich mich beeile, kann ich vielleicht morgen doch noch eine Probe für die Uraufführung wahrnehmen. Ich fühl mich dann im Konzert sicherer. Nerven, verstehst du?

Erwähnte ich bereits. Kolossal wichtiges Konzert für mich. Außerdem muß ich dringend üben. Vierundzwanzig Stunden nicht geübt, so etwas rächt sich! Leb wohl!"

Bei den letzten Sätzen war seine Stimme immer schwächer geworden, und das „Leb wohl!" nur noch ein Hauch.

Martin erhob sich nicht, als die Gestalt sich abwandte und mit der Dunkelheit des Raumes eins wurde.

Auch lauschte er nicht, ob irgendwo eine Tür zuschlug.

Er achtete weder auf das monotone Rauschen des Regens, noch sah er aus dem Fenster in die Nacht hinaus.

Er hielt den Kopf in beide Hände gestützt und blickte unverwandt auf die Tischplatte mit den mattglitzernden Glasscherben hinab, bis eine ruhige Stimme neben ihm sagte: „Tut mir leid, aber ich ... wir schließen jetzt. Sie wissen ja, die Vorschriften ..."

Widerstrebend sah er hoch und zog seine Geldbörse.

„Die letzte Flasche war nicht so ... so kräftig", murmelte er, um sofort einzulenken: „Ein sehr leichter Tischwein, nehme ich an, oder?"

Sie antwortete nicht und nahm das Geld entgegen, ohne die Summe zu überprüfen.

„Ach, ich vergaß, die Scherben kommen hinzu; ich habe ein Glas zerbrochen. Wieviel ... ?"

„Oh, das geht auf Betriebsunkosten."

Als er wieder hochblickte, entdeckte er, daß sie lächelte, sehr schwach nur, aber *ihr* Lächeln zeigte sich fast ausschließlich in den feinen Fältchen der Augenwinkel.

Sie verschwand und kam mit einem kleinen Kehrblech und einer Tischbürste zurück, bevor er ihr Verschwinden überhaupt registriert hatte.

Er warf einen flüchtigen Blick aus dem Fenster und die Lampe am Fuß der Treppe.

Aber das dürftige Licht zeigte ihm nichts als die undeutlichen Umrisse der glitschigen Steinstufen und dahinter die schwärzliche Masse des geborstenen Mühlrades.

Er riß sich von dem trostlosen Anblick los. Eine nicht zu dämmende Redelust schwemmte plötzlich all seine Hemmungen fort:

„Sagen Sie, warum machen Sie das hier, diese Kellnerei und so ganz allein? Lohnt das überhaupt?"

Sie ignorierte die letzte Frage: „Warum ich hier ... ? Oh, das hängt von der Einstellung ab. Ich fühle mich nie so ... so allein wie an den Wochenenden, wenn selbst hier ein bißchen Betrieb ist. Und umgekehrt ..." Sie brach ab, holte tief Atem und deutete auf die Glassplitter: „Scherben – auch bei mir. Darum bin ich hier. Aber man sollte Scherben nicht zu lange aufheben und damit herumspielen, sonst schneidet man sich immer tiefer damit."

Mit ein paar geschickten Bewegungen fegte sie das zerbrochene Glas zusammen.

„Hoffentlich sind Sie nicht enttäuscht, daß Ihr Freund nicht gekommen ist."

Er suchte noch nach einer Antwort, als er schon das helle Klirren vernahm, mit dem die Splitter in dem Abfalleimer hinter der Küchentür verschwanden.

Mit einem Gefühl der Erleichterung registrierte er, wie der Deckel des Eimers mit einem dumpfen Knall zufiel.

Er stand auf, streckte verstohlen einige Sekunden seine steifen Glieder und erreichte mit einigermaßen sicherem Schritt die Tür der Gaststube.

Die Servierin blieb verschwunden, und die Küchentür war fest geschlossen. Unsicher rief er ein sinnloses „Gute Nacht" in den leeren Raum.

Im Freien angelangt, hüllte ihn das gleichmäßige Plätschern des Regens von allen Seiten ein, und er wartete ein letztes Mal vergeblich auf das Geräusch des sich drehenden alten Rades.

Erst dann blickte er um sich.

Seine suchenden Augen entdeckten schließlich die Umrisse seines Wagens allein mitten auf dem Platz.

Als er den ersten Schritt die Steintreppe hinab tat, konnte

er sich kaum auf den Beinen halten. Seine Knie gaben nach, und er fing den Sturz gerade noch rechtzeitig ab, sich mit beiden Armen an dem wackeligen Eisengeländer anklammernd.

„Zu lang auf einem Fleck gehockt", murmelte er und fügte vorwurfsvoll hinzu: „Betrunken bist du – stockbesoffen ..."

Stufe um Stufe tastete er sich die Treppe hinunter.

Die wenigen Schritte über den aufgeweichten Platz gelangen ihm ohne weitere Schwierigkeiten. Er öffnete die Wagentür, ließ sich auf den Sitz fallen und schloß die Tür mit einem Ruck hinter sich.

Nach Minuten untätigen Herumsitzens spürte er, wie die Feuchtigkeit im Wagen von ihm Besitz ergriff. Er drehte den Zündschlüssel, um zu starten.

Und wurde sich schlagartig bewußt, daß er weder fahren wollte, noch konnte.

Geschweige denn durfte.

Er zog den Zündschlüssel wieder ab und merkte vor Benommenheit nicht einmal mehr, wie der Schlüssel zu Boden zwischen die Sitze fiel.

Er kippte vornüber auf das Lenkrad und schlief sofort ein.

Die Kälte weckte ihn. Schlaftrunken tastete er hinter sich auf den Rücksitz, und es gelang ihm, eine Decke zu sich herüberzuziehen. Wieder übermannte ihn der Schlaf, aber jetzt erwachte er alle paar Minuten infolge der Unbequemlichkeit seiner Lage.

Ungeschickt versuchte er, durch günstigere Verlagerungen der wärmespendenden Decke Kälte und Feuchtigkeit zu bannen.

Als das Pochen an die Windschutzscheibe in sein Bewußtsein drang, erschrak er heftig, obwohl er annahm, er sei wach gewesen. Einen Augenblick wußte er nicht, wo er sich befand.

Zögernd wurde von außen die Wagentür geöffnet.

Sie hielt in der Hand eine Taschenlampe, die ihn blendete, bis er erkannte, daß sie mit der anderen einen großen Regenschirm über sich balancierte.

Mit einer Mischung aus Energie und Schüchternheit griff sie nach seinem Arm. Ohne Widerstand ließ er sich nach draußen ziehen, wo ihn die volle Wucht des immer noch niederprasselnden Regens traf. Er schlug die Tür mit hartem Knall zu und blickte suchend auf seine leeren, ausgebreiteten Handflächen.

Der Autoschlüssel war weg.

Er überlegte kurz, schüttelte den Kopf und versuchte die davoneilende Gestalt unter dem schützenden Regendach möglichst rasch einzuholen. Aber die hastete geschwind mit geschickten, kleinen Sprüngen über die zahllosen Pfützen des Platzes, und es gelang ihm nicht, sie zu erreichen.

Er stolperte die gleichen Stufen hinauf, die er vor noch nicht langer Zeit mit äußerster Vorsicht hinabgekrochen war, voller Sorge zu stürzen. Trotz der kurzen Strecke vom Wagen bis zum Haus fühlte er sich naß bis auf die Haut.

Oder stammten die triefenden Kleider noch von seinem Lauf in entgegengesetzter Richtung? Wie viele Stunden mochte er in seinem Auto verbracht haben, sollte er wirklich eingeschlafen sein?

Jedenfalls hatte er noch nie im Leben so gefroren.

Wieder durchquerte er die Wirtsstube, und sein nur schlecht arbeitendes Gehirn überlegte krampfhaft, was er tun solle, wenn es ihm niemals gelänge, sie einzuholen.

Der große, unfreundliche Raum wurde auch jetzt ausschließlich durch eine nackte, von der Decke herabbaumelnde Glühbirne in der Ecke bei der Küche erhellt, so, wie er es beim Ausbruch des Unwetters verlangt hatte.

Trotz des Gegensatzes zum Dunkel des Platzes draußen war das Licht so kümmerlich, daß er das Mädchen erst wahrnahm, nachdem er es fast umgerannt hatte. Sie stand neben der geöffneten Küchentür und schien im Begriff, die Klinke einer zweiten Tür hinunterzudrücken.

„Verzeihung", er wich vor ihr zurück, „ich hatte Sie wirklich nicht gesehen."

Sie blickte ihn mit einem eigentümlich ausdruckslosen Blick an. Auch später konnte er nicht sagen, ob sie in diesem Augenblick absichtlich die Klinke völlig herabdrückte, oder ob sie ihr einfach aus der Hand rutschte.

Jedenfalls gab es einen Knall, und die Tür sprang auf.

Er sah in eine ebenfalls nur spärlich beleuchtete, weiträumige Diele, aus der eine Treppe in das Obergeschoß führte.

Sie stand ihm zugewandt und blickte ruhig in seine verstörten Augen. Ihre Hand hatte die Klinke losgelassen und baumelte wie ein lebloser Gegenstand ein paar Mal hin und her, bevor sie zur Ruhe kam.

Er öffnete zweimal den Mund, um etwas zu sagen, aber es kam kein einziges Wort über seine Lippen.

Dicht in seiner Nähe tropfte in regelmäßigen Abständen Wasser mit einem monotonen Geräusch auf die Dielenbretter.

Als er feststellte, daß die Tropfen-Kaskade in seinen triefenden Haaren und der durchweichten Kleidung ihren Ursprung hatte, versteinerte seine Haltung zu völliger Bewegungslosigkeit.

Beide starrten sich an wie zwei hypnotisierte Katzen, bis aus der Kehle des Mädchens ein Laut, besser, der Ansatz zu einem urtümlichen Schrei kam: halb Unwillen, gemischt mit Empörung, zur anderen Hälfte Spott mit einem guten Teil Verachtung.

Sie drehte sich abrupt von ihm weg und lief mit kleinen, heftigen Schritten durch die Tür davon und Stufe um Stufe die steile, hohe Treppe empor, deren Ende sich in der Dunkelheit verbarg.

Eine Tür wurde aufgerissen und schlug sofort wieder zu.

Noch im Augenblick ihres Abwendens nahm Martin die Verfolgung auf. Aber die winzige Verzögerung in seiner Reaktion hatte bewirkt, daß er den oberen Treppenabsatz erst nach dem Zuschlagen der Tür erreichte.

Nach Luft ringend, stand er auf dem Flur vor drei dicht nebeneinanderliegenden Türen und begann erbittert an den Klinken zu rütteln.

Zwei der Türen waren abgeschlossen.

Erst die dritte schien die richtige zu sein. Er fiel fast mit der aufschwingenden Tür in den Raum und schloß sie ebenso hastig, wie es vor wenigen Sekunden das Mädchen getan hatte.

Der Morgen zog in unbeschreiblicher Klarheit herauf und verriet nichts von dem Unwetter des letzten Abends.

Über die rotkarierte Decke des Tisches am Fenster war ein zweites Tischtuch gebreitet, das zwar zu klein, dafür aber makellos weiß war.

Martin, mühsam in einen zu engen Pullover und ebenso enge und kurze Jeans gezwängt, schaute aus dem Fenster in die grüne Wildnis.

„Es dreht und dreht sich nicht", klagte er, „nicht einmal nach den Wassermengen von heute nacht! Vielleicht könnte man eine Kleinigkeit an den Schaufeln richten und das Achslager schmieren ... nun laß doch das Geschirr stehen, bitte!" fügte er hinzu, als sie aufstand um abzuräumen.

Sie ließ wortlos und ohne Widerstand die Bestecke auf das Tischtuch zurückfallen, und er legte seine Hand auf die ihre.

„Gestern hast du mir nichts als trockenes Brot und verwässerten Wein serviert – und heute dies!" Mit einer theatralischen Geste wies er auf die Reste des üppigen Mahles.

„Ich konnte doch nicht zulassen, daß du dich gestern mutterseelenallein und voller Trübsal unter den Tisch trankst! Ich *mußte* einfach die dritte Flasche verdünnen! – und wenn die Gäste trunken sind, alsdann den geringeren – sagt schon die Bibel!" Sie lachte kurz auf. „Nebenbei war der Wein auch nicht halb so wässerig wie du selbst gestern nacht, als du zurückkamst!"

„ – als du mich zurückholtest!" verbesserte er, „du hast zweifellos mein kostbares Leben gerettet! Ohne dich läge ich jetzt tot im Graben mit einer Lungenentzündung!"

„Du besitzt eine eigentümliche Art dich auszudrücken! Auf jeden Fall habe ich noch nie die Nacht mit einem so durch und durch nassen Mann verbracht!"

„Gepriesen sei aufs neue dein verwässerter Wein! Ob ich ohne deine Pantscherei je imstande – ich meine, zu irgend etwas noch imstande gewesen wäre, möchte ich bezweifeln. Stell dir das vor, oder stell es dir bitte nicht vor! Was sagtest du doch gerade? Du hast noch nie eine Nacht mit einem und so weiter – sag, mit wie vielen Männern – ach, verzeih, ich bin eifersüchtig wie ein Steinzeitmensch!"

Er wurde rot.

Sie hatte sich wieder hingesetzt, ihre Hand unter der seinen weggezogen und umklammerte mit beiden Fäusten seine Linke, die wild auf dem Tisch trommelte.

„Hör auf zu wüten, du geigespielendes Nervenbündel! Zu meinen ‚vielen Männern' folgendes, obwohl ich dir weiß Gott keine Rechenschaft schuldig bin!"

Mit einem raschen Blick streifte sie den breiten, goldenen Ring an seiner Rechten. „ Also, erstens gab – gibt es auch bei mir, wie ich dir schon gestern erklärte, Scherben einzusammeln und wegzukehren. Darum bin ich hier. Vermutlich nur für eine kurze Zeit, bis die Wunden verheilt sind, wie man so sagt. Zweitens, dies zur Beruhigung deiner Männlichkeit, gehört es nicht zu meinen Gewohnheiten, männliche Gäste, und zu allerletzt volltrunkene, über steile Treppen in mein Schlafgemach zu locken. Drittens", sie zögerte nachdenklich, „ja, also das Dritte wollte ich eigentlich unter keinen Umständen aussprechen und dir preisgeben, aber Inkonsequenz ist nicht unbedingt eine Untugend, oder?"

„Ich weiß wirklich nicht, wovon du sprichst – oder zu sprechen beabsichtigst", behauptete er unruhig.

„Du lügst! Nun gut, drittens tatest du mir ausgesprochen leid in deinem offensichtlichen, wenn auch geheimnisvollen Kummer. Ebenso leid tat mir dein späterer durchnäßter Zustand. Aber ich handelte keineswegs aus Mitleid, als ich dich aus dem Wagen holte, und erst recht nicht aus Mitleid führte ich dich eine gewisse Treppe hinauf. Nun weißt du es: Das ist das Dritte." Sie ließ seine Hand los, die längst das Trommeln eingestellt hatte und machte Anstalten sich zu erheben, aber mit einem rasch zupackenden Griff hielt er sie fest. Gleichzeitig verbarg er die Hand mit dem breiten Ring verlegen unter der Tischplatte.

„Wir Männer sind allesamt feige Hunde; obwohl dieses Eingeständnis leider keinen Ablaßzettel im Gefolge mit sich führt", murmelte er demütig und senkte den Kopf. „Ist sie schön?" fragte sie leise, nahm seinen Arm und legte die Ringhand auf den Tisch zurück.

„Wer?"

„Deine Frau natürlich. Ist sie schön?"

„Ich weiß es nicht, schon lange nicht mehr, aber ich glaube, ja."

„Und liebst du sie sehr?"

„Ach Gott, welch altmodische Frage! Ich denke schon, obwohl – anders als dich – mit ‚mehr' oder ‚weniger' hat das kaum zu tun – aber ich hab sie wohl nicht genug geliebt in letzter Zeit – verzeih mir, bitte! Ich kann jetzt nicht darüber reden, ich bin zu glücklich, unverdient glücklich!"

„Du kannst jetzt nicht darüber reden? Und was folgt nach diesem ‚jetzt'? Folgt überhaupt etwas danach – ich meine, für uns beide?"

Ihre Stimme erlosch.

Er fuhr verletzt hoch.

„Was denkst du von mir?"

„Was soll ich schon denken", sie zuckte die Schultern, „aber ich wußte es nicht, heute nacht wußte ich wirklich nicht, daß du –."

Sie deutete stumm auf seine rechte Hand.

„Bitte, sei still! Ich muß es wiederholen: Ich bin so glücklich – durch dich! Du kannst gar nicht wissen, wie sehr; genauso wenig, wie du wissen kannst, wie unglücklich ich noch gestern war!"

„Schön. Schön für dich! Aber für mich ist das, entschuldige, gar nicht so furchtbar wichtig. Für mich!"

Sie sprach das zweite „für mich!" so heftig aus, daß er auflachte.

„Für mich ist allein wichtig, ob wir uns ... ob du wiederkommst!"

„Hast du im Ernst geglaubt, ich würde nicht –"

„Ernst", unterbrach sie ihn, „ein strenger, unangenehmer Name!"

Sie stützte beide Arme auf den Tisch und sah ihm ins Gesicht.

„Was soll nun das jetzt?" Er starrte sie entgeistert an.

„Mir ist nur gerade etwas eingefallen. Sagte ich nicht vorhin: Noch nie habe ich die Nacht mit einem so durch und durch nassen Mann verbracht?"

„Hör auf, mir ständig deine zahllosen Männer vorzuhal –"

„Augenblick! Ich vergaß hinzuzufügen: – mit einem so durch und durch nassen Mann verbracht, von dem ich nicht einmal den Vornamen weiß!"

Sie wartete auf seine Antwort, aber lange Sekunden verstrichen, bevor er sich von dem Anblick der gußeisernen Laterne draußen am Fuße der Eingangstreppe lösen konnte.

„Ich heiße Martin", er vollführte eine gekünstelte Gebärde mit der rechten Hand, gekoppelt mit einer leichten Verbeugung zu ihr hinüber, „und bitte um Vergebung! Hoffentlich gefällt dir der Name. Es ist schon so eine Sache mit den Vornamen, die wir von den Eltern fürs Leben mitbekommen. Man wird nicht gefragt, ob man sie mag."

Wieder trat eine Pause ein.

„Übrigens habe ich noch einen zweiten Vornamen", kam es schließlich zögernd.

„So?"

Ihre Stimme klang uninteressiert.

„Ja: Benedikt. Mein zweiter Name ist Benedikt."

„Ach nein", rief sie, „Martin ist schöner – du bist Martin!"

Er nickte.

„Du hast recht. Aber erst seit heute nacht habe ich mich damit abgefunden, Martin zu sein." Er beugte sich über den Tisch, bis sich ihre Köpfe berührten.

„Du bist die ganze Zeit viel zu weit weg von mir! Könnte man diesen Tisch nicht zwischen uns entfernen? Ach, wozu die Mühe! Meinst du nicht auch, wir sollten stattdessen noch einmal den Versuch unternehmen, die zehn steilen Treppenstufen nach oben zu bezwingen?"

Sie antwortete nicht, und er atmete auf, als sie sich mit einem winzigen Lächeln erhob.

Aber noch bevor beide die Dielentür erreicht hatten, faßte er plötzlich ihre Schultern und drehte sie mit einem Ruck zu sich herum.

„Eins noch", sagte er fest, „heute nacht hast du mir eingestanden, daß auch du Musik liebst, oder?"

Sie nickte, leicht beunruhigt über den flehenden Blick in seinen Augen.

„Hör zu: Wenn ich das nächste Mal komme, kommen darf, bringe ich meine Violine mit. Und dann werde ich für dich spielen. Alles, was du willst und auf der Geige schön klingt; vor allem natürlich Liebeslieder! Aber ich möchte, daß du mir etwas versprichst, willst du?"

„Ja, Martin."

„Weißt du, ich bin immer noch ein sehr guter Geiger", er lachte verlegen, „ob du es glaubst oder nicht –"

„Natürlich glaube ich es dir, Martin."

„Ja? Also, wenn ich dir vorgespielt habe, und es dir gefallen hat, mußt du sagen – versprichst du es mir auch wirklich?"

„Alles, Martin. Aber warum weinst du?"

Er räusperte sich.

„Wenn es dir gefallen hat, mußt du sagen: Wie schön du spielst – Benedikt ..."

Kattmeyers Geräuscheschau

Das Kattmeyersche Konservatorium lag mitten in der Hauptstadt des Landes Avanturien und erfreute sich eines ausgezeichneten Rufs.

Konservatoriumsdirektor Franz Kattmeyer senior war eine stattliche, selbstsichere Erscheinung mit dröhnender Stimme und herzhaftem Lachen, das Lehrer wie Schüler zutiefst beeindruckte. Wenn Kattmeyer lachte, hörte man die Musik aus den Übungs- und Unterrichtsräumen nicht mehr sich mißtönend mischen – der Direktor überstrahlte alles mit seiner grandiosen Persönlichkeit.

Ich glaube nicht fehlzugehen in der Behauptung, daß nicht zuletzt dieses überwältigende, keinen Pessimismus duldende Wesen den Erfolg des Institutes ausmachte.

Ganz abgesehen von seiner menschlichen Ausstrahlung zeichnete der Direktor sich als gewissenhafter, hochgeachteter Pädagoge aus.

Dies sei eindringlich hervorgehoben, um eventuellen späteren Mißverständnissen vorzubeugen.

Einige seiner Musikschüler legten, wie zu erwarten, von den professionellen Fähigkeiten ihres Direktors eindeutig Zeugnis ab. Ein Genie fand sich allerdings nicht darunter, was wohl auch kaum zu erwarten war. Standen doch die Chancen, eine Superbegabung unterrichten zu dürfen, nicht mal eins zu einer Million.

Franz Kattmeyer zuckte nur die mächtigen Schultern, wenn er gelegentlich über eine solche Möglichkeit – nur dem Hauptgewinn im Lotto vergleichbar – nachdachte.

Nein, Direktor Kattmeyer verließ nie den Boden der Realität.

Es ist an der Zeit, endlich Kattmeyers wohlbehüteten und ganz persönlichen Schatz zu erwähnen, der von Jahr zu Jahr an Wert gewann.

Zu Beginn dieser Erzählung haben wir Konservatoriumsdirektor Franz Kattmeyer mit dem Zusatz eines Seniors bedacht, und so erwartet der aufmerksame Leser zu recht die Existenz eines Franz junior.

Und keiner kann es Franz senior verdenken, als liebender Vater in seinem Sohn *das* musikalische Potential zu erhoffen, welches er bei seinen übrigen Schülern vergeblich suchte.

Der kleine Franz war des Direktors einziges Kind. Von seiner Mutter fehlte, seit er ein Jahr war, jede Spur. (Sie stellte somit eine Ausnahme der Regel dar, die dieses abscheuliche Vergehen im allgemeinen den Vätern zur Last legt.) Niemand wagte es je, den alten Kattmeyer – er war bei der Geburt seines Sohnes schon beinahe sechzig Jahre – darauf anzusprechen. Selbst die verwegensten seiner Schüler tuschelten nur leise hinter seinem Rücken, Frau Feodora Kattmeyer habe das musikalische Getöse der Musikschule von jeher gehaßt, aber erst die gewaltige Brüllstimme ihres ehelichen Produktes sei der endgültige Anlaß zu ihrer Flucht gewesen.

Den alten Kattmeyer hingegen erfreute Franzens lungenstarke Babystimme außerordentlich, setzte er doch die größten Hoffnungen in sie.

Auch als der Kleine mit drei Jahren das einfachste Kinderliedchen noch nicht tonrein singen konnte, ließ der Vater mit ungebrochenem Optimismus bei dem bekanntesten Geigenbauer Avanturiens eine winzige Violine anfertigen, die er in einem ebenso winzigen Kasten zitternd vor Glück und Erwartung heimbrachte.

Der kleine Franz war ein verspieltes Kind mit dichtem, weißblonden Schopf und leicht wässerigen, großen blauen Augen. Das Mini-Instrument entzückte ihn zunächst über alle Maßen, und wenn er die Violine aus dem Seidentuch auswickelte, schnupperte er lange und voller Vergnügen an dem fremdartig riechenden Lack. Auch das Auf- und Abspannen des Geigenbogens, ja selbst das Drehen an den vier schwarzen Ebenholzwirbeln bereiteten dem Kind großen Spaß.

Wer je den Versuch unternommen hat, das Geigenspiel zu erlernen, weiß natürlich, daß mit solchem Herumhantieren noch nichts getan ist. Auch Fränzchen sollte das nur zu bald erfahren.

Vater Kattmeyer kippte voller Enthusiasmus ganze Wagenladungen pädagogischer Anweisungen, zurechtgeschnitten aufs Kinderstubenalter, über seinen Sohn aus, um ihm das Geigenspiel so leicht wie möglich zu machen.

Der erste empfindliche Schlag auf Vater Kattmeyers musikalisches Haupt erfolgte anläßlich einer Kaffeetafel zu Fränzchens viertem Geburtstag. Es waren einige gleichaltrige kleine Freunde geladen, die mit ihren Eltern bewundernd um die kleine Geige und noch bewundernder um Fränzchen selbst herumstanden, als der mit gekonntem Schwung das Instrument ansetzte und kühn den Bogen hob.

Der Geburtstag lag dicht vor Weihnachten, und so wurde allgemein begrüßt, als das Kind, bevor es zu spielen begann, mit großer Wichtigkeit ‚O Tannenbaum, o Tannenbaum' ankündigte.

Am Ende des Vortrages applaudierten alle begeistert.

Der angekündigte Schlag auf des alten Kattmeyers Haupt wurde ausgelöst durch zwei Mütter, die ebenfalls voller Bewunderung in die Hände klatschten und abwechselnd riefen: „Nein, wie entzückend hat unser kleines Virtuöschen ‚Alle meine Entchen' vorgetragen!" Vermutlich hatten sie Fränzchens Ankündigung vom Tannenbaumlied nicht mitbekommen, aber das Niederschmetternde war, auch Kattmeyer mußte sich eingestehen, daß Fränzchens Gefiedel, wenn überhaupt Ähnlichkeit mit einem Lied, allenfalls eine weit entfernte mit den auf dem See schwimmenden Entchen besaß.

Und damit begann die Leidenszeit von Kattmeyer senior, der nach zwei weiteren verbissenen Jahren zu seinem Sohne sprach: „Fränzchen, ich glaube, es war ein Fehler, dich auf der Violine beginnen zu lassen. Wie wäre es mit dem Klavier?" Auf dem Pianoforte ... meditierte Kattmeyer senior ... sind sämtliche Töne bereits vorhanden, sie schlummern sozusagen startbereit in ihrem Gehäuse. Schlägt der Junge eine Taste mit dem Namen ‚c' an, hat man wenigstens eine gewisse Garantie, genau diesen Ton zu hören ...

Der Anfang ließ sich vielversprechend an.

Leider stellte sich in Kürze heraus, wieviel tausend und abertausende Möglichkeiten es gab, die Töne sowohl in der falschen Reihenfolge wie auch in jedem x-beliebigen Rhythmus anzuschlagen, wovon Fränzchen großzügig Gebrauch machte. Am Schluß eines jeden wohleingeübten Stückes saß das Kind dann stolz und zufrieden da und begriff des Vaters klagende Vorhaltungen nicht: „Ja, hörst du das denn nicht? Was ist mit deinen Ohren los?!"

Zu diesen Beschuldigungen schwieg Fränzchen betreten.

Glücklicherweise war sein Vater kein Unmensch, und so durfte sich der Kleine nach seinen erfolglosen Bemühungen anschließend seiner Lieblingsbeschäftigung, dem Malen, widmen. Bei dieser Tätigkeit gab es keine falschen Töne, und Franz ließ seine üppige, kindliche Fantasie sorglos und farbenfroh umherschweifen.

Im Laufe der Jahre versuchte sich der heranwachsende Knabe an fast allen Musikinstrumenten. Die als Pädagogen hinzugezogenen Lehrkräfte des Konservatoriums rangen die Hände und fluchten heimlich über ihre hoffnungslose Aufgabe.

Einzig ein Oboist von großer Charakterstärke kündigte nach einem Monat der Unterrichtsqual seine Stellung, weil er die Künste des direktorlichen Sohnes nicht länger ertrug.

Es wird keinen, der den Bemühungen Fränzchens bis hierher gefolgt ist, verwundern, daß seine seit frühestem Kindesalter zu schönsten Hoffnungen berechtigende Singstimme die Zahl der musikalischen Fehlschläge um einen weiteren vermehrte.

Inzwischen wußte der unglückliche Vater längst, daß seinem Sohn jedes musikalische Gehör und rhythmische Gefühl fehlte.

Doch als die grenzenlose Enttäuschung des alten Kattmeyer ihren Tiefpunkt erreicht hatte, überkam ihn, während er dem bereits Achtzehnjährigen finsteren Blicks bei dessen kreativen Malorgien zuschaute, eine grandiose Idee.

„Franz", rief er in plötzlich aufflammender, freudiger Erregung, „Franz, *endlich* weiß ich, wo deine wahren Fähigkeiten liegen: Geliebter Sohn, du mußt komponieren!"

Leider besaß das Konservatorium keinen Kompositionslehrer. Die meisten Schüler begrenzten ihren Lerneifer auf Klavier, Akkordeon, Gitarre, Schlagzeug, gelegentlich Streichinstrumente und natürlich das übliche Gebläse. Die bescheidenen Angebote an gehörbildenden Kursen und die verhaßte Harmonielehre waren nur wenig gefragt.

Es blieb nichts anderes übrig: Ein wirklicher, anerkannter Komponist mußte her, und Kattmeyer senior opferte sein ganzes Erspartes, um den berühmten Adalbert Tschiska als Franzens Mentor zu gewinnen.

Der Direktor frohlockte, als der bekannteste Tonsetzer von Avanturien endlich seine Zusage gab, sich des Knaben anzunehmen, und damit endeten die bitteren Lehrjahre für Franz junior, den man so völlig ungefragt der Musik verschrieben hatte.

Es dürfte an der Zeit sein, dem ebenso gutwilligen wie untalentierten jungen Mann einen kurzen Gedanken der Anteilnahme zu schenken, bevor wir seinen so ganz und gar ungewöhnlichen künstlerischen Werdegang weiter verfolgen.

Eins sei schon jetzt angedeutet: Die Voraussetzungen für Franzens glanzvolle und einmalige Karriere wurden erst durch ein Ereignis geschaffen, das auch für die übrigen Bewohner Avanturiens von einschneidender Bedeutung war.

Diktator Lott, uneingeschränkter Herrscher des Landes Avanturien und seiner fünf Millionen Einwohner, saß im Arbeitszimmer seines Regierungspalastes und zog laut schnaubend die Nase hoch. Ohne diese befremdende Angewohnheit vermochte er nicht schöpferisch zu arbeiten, und es war ihm äußerst lästig, dieser Eigenart aus Reputationsgründen nur dann nachgeben zu dürfen, wenn er sich allein im Raum befand.

Der Diktator war ein kleines, spindeldürres Männchen in mittleren Jahren, mit langer Nase, verkniffenem Mund und einer überdimensionalen Hornbrille ausgestattet, die sein fadenscheiniges Aussehen vermutlich verbessern sollte.

Ein gewaltiger Schreibtisch verbarg den mit krummem Rükken Dahintersitzenden fast vollständig, und man hörte ihn emsig auf Papier kritzeln.

Er war wieder einmal damit beschäftigt, Reformen für seine Untertanen auszubrüten, eine Leidenschaft, über der er alles vergaß, zuweilen sogar Sinn und Zweck der Neuerungen. Dies geschah vor allem, wenn er allzu wohlig auf dem Meer seiner Phrasen, Eigenlobhudeleien und nebelhaften Zukunftsprognosen dahinschwamm.

Bei aller Voreingenommenheit muß gesagt werden: Es herrschen auf dieser Welt üblere Tyrannen. In dem kleinen Land blühte bescheidener Wohlstand, da infolge der reichen Bodenschätze selbst Lott nicht imstande war, den Ruin desselben herbeizuführen. Allerdings zeigte sich „Herr" Lott, wie er sich, Demokratie vortäuschend, gern anreden ließ, nur gering am äußeren Wohlergehen seines Landes interessiert.

Sein Geist befand sich stets auf dem Flug zu Höherem. Zu seinem Leidwesen war sein Land arg klein, schon dadurch gab es auf vielen Gebieten unüberwindliche Schranken. Seine Schlußfolgerung: Größe und Fortschritt mußten von innen kommen, und sodann der übrigen, reaktionären Welt eindrucksvoll den Weg weisen. Um zur Sache zu kommen – Herr Lott hegte großartige kulturelle Pläne in seinem Inneren, und speziell der Musik gehörte sein ganzer Ehrgeiz.

Wohlgemerkt, ein Musikfreund oder Konzertbesucher im gebräuchlichen Sinne war er nicht. Warum auch? Als Diktator hatte er einzig für den Fortschritt Sorge zu tragen.

Seit geraumer Zeit schon war der Diktator mit dem kulturellen Interesse seines Volkes nicht zufrieden. Seine Untertanen wollten partout nichts neues dazulernen und erst recht nichts aufgeben, was sie einmal als gut akzeptiert hatten. Sie pfiffen auf den Fortschritt, rannten unbelehrbar in Konzerte mit dem ‚alten Schrott', wie Lott boshaft die Standardwerke der Musikliteratur bezeichnete, und mieden Veranstaltungen zeitgenössischer Musik wie die Pest.

Presse, Schulen, Radio und Fernsehen hatten die Uneinsichtigen beschworen, beleidigt und mit belehrenden Vorträgen geradezu übergossen, um ihren unterentwickelten Sinn für das Neue zum Sprießen zu bringen, vergebens.

Die Bürger von Avanturien weigerten sich ganz einfach, die ungewohnten neuen Klänge an ihr Trommelfell heranzulassen. Leider leistete das alte, treue, kassen- und saalfüllende Publikum den hartnäckigsten Widerstand.

„Wovor laufen sie eigentlich davon?" Diktator Lott zog erbittert die Nase hoch, mit einem Geräusch wie ein trüffelsuchendes Schwein. „Ist denn der Unterschied zwischen alten und modernen Kompositionen so gewaltig? *Ich* sehe da nichts, um die Abneigung der Leute zu rechtfertigen! Für *mich* gibt es nur eine wahrhaft neue Musikrichtung! Weg mit den Tönen, her mit Geräuschen!"

Lott sprang auf und lief erregt im Raum hin und her, das Gesicht zu einer freudigen Grimasse verzogen. „Ich hab's! Ein ganz simples Konzept, es muß nur konsequent und unerbittlich durchgezogen werden! Freiwillig wird unser vergreistes Musikpublikum natürlich nicht mitmachen. Aber wartet nur, ihr ewig Gestrigen, die ihr nichts als verottete Konservenmusik mit den verschimmelten Etiketten der abgewirtschafteten toten Klassiker vertilgen wollt! Wartet nur, ihr sollt mich kennenlernen!"

Lott zog seine Nase so brutal hoch, bis seine Nasenflügel vibrierten und sein Kopf blaurot anlief. „Geräusche, Geräusche!" schrie er frenetisch und fuchtelte mit den zu Fäusten geballten Händen in der Luft herum.

Da ihn das in keiner Weise befriedigte, begann er mit eigens zu diesem Zweck aufgestellten Aschenbechern, Lott war Nichtraucher, um sich zu werfen. (Die Schalen waren aus ökonomischen Gründen unzerbrechlich.) Der Lärm beruhigte endlich sein Gemüt, und er war imstande, anschließend die Reform schriftlich bis ins letzte Detail auszuarbeiten.

Dabei wurde ihm immer wohler zumute. Schon oft hatte ihn bedrückt, daß seine Machtübernahme vor Jahren so beschämend unblutig verlaufen war.

Bestimmt hatten die Leute längst vergessen, daß ein mächtiger Diktator ihre Geschicke lenkte! Sie fraßen den Wohlstand undankbar in sich hinein und gedachten auch weiterhin satt und träge auf den Pfühlen vergangener Jahrhunderte ihre Tage zu beschließen. Aber das war jetzt vorbei! Diktator Lott, der mutige Neuerer, würde den lange fälligen, radikalen Umbruch in der Musik zum Siege führen!

Schon am Tage darauf ließ Lott, um seinem Kultur-Manifest das fachliche Fundament zu geben, den Komponisten Tschiska zu sich rufen. Wie sich der Leser vielleicht erinnert, handelte es sich dabei um jenen Musiker, den der alte Kattmeyer vor nunmehr einem Jahr als Lehrer seines Sohnes gewinnen konnte.

Herr Tschiska war, nicht zuletzt aus dem Grunde, weil seine Erzeugnisse musikalische Ohren nicht allzu sehr beleidigten, ein wie schon erwähnt hochberühmter Komponist.

Vielleicht verwundert es manchen (vielleicht aber auch nicht), wie hingerissen dieser bedeutende Musiker Diktator Lotts Ausführungen lauschte und denselben zustimmte.

„Das Volk ist dumm!" Tschiska blickte seinem Herrscher tief in die Augen, soweit das durch die getönte Hornbrille möglich war. „Die Ohren unserer Mitbürger sind mit dem Ohrenschmalz des Terzen-und Sexten-Süßholzgeraspels untergegangener Zeiten zugekleistert! Aber Sie, verehrter Diktator Lott", er vergaß in der Erregung des Augenblicks den Titel wegzulassen, „ *Sie* werden den notwendigen Schnitt ins Trommelfell durchführen und dem Lande Avanturien eine beispiellose Zukunftsmusik bringen!"

Lott streckte Tschiska die Hand hin, und beide waren sehr bewegt.

Dann rief Lott: „Genug geredet! Auf zur Tat!"

Die Reform kam nicht völlig überraschend. Ein Teil der avanturischen Musiker hatte sie mit großer Besorgnis herannahen sehen, und in den letzten Tagen war bereits ein großer Teil außer Landes geflohen. Man befürchtete das Schlimmste, und noch waren die Grenzen offen. Gerüchte aller Art kursierten, aber bei der breiten Masse überwog die stille Hoffnung, dies alles sei nur Wichtigtuerei ihres Herrschers und der musikalischen Fachleute.

Und dann war es soweit.

Die Anschläge hingen an jeder Straßenecke, und davor drängten sich nicht nur die im Lande verbliebenen Musiker, nein, die gesamte Bevölkerung las fassungslos den Befehl zur Zerstörung ihrer bisherigen Musikwerte.

Das Manifest war sehr umständlich und unverständlich abgefaßt, da für den musikalisch-fachlichen Teil Herr Tschiska zeichnete, der sich in den krausesten Fachsimpeleien erging.

Aber nach einigen Tagen begriff jeder.

Der Diktator hatte nicht nur leere Drohungen ausgestoßen, und schon bald füllten sich die Gefängnisse mit den Opfern, die sich, zum großen Teil aus Unkenntnis, widersetzt hatten. Denn die in dem Manifest niedergelegten Ge- und Verbote waren selbst für Gutwillige nicht ohne weiteres zu befolgen. Aber schließlich schälte sich nach wiederholtem Lesen aus dem Wust der Neuerungen und Strafen ein Satz heraus, der den Kern des Ganzen ausmachte.

Dieser Satz war rot unterstrichen und gesperrt gedruckt.

Zum besseren Verständnis wollen wir ihn wörtlich zitieren:
Hiermit gibt die Regierung Ernst Lott, Avanturien, bekannt, daß ab heute abend zweiundzwanzig Uhr in unserem Lande jegliche Form der Tonerzeugung, sei sie instrumentaler oder vokaler Art, bei strengster Bestrafung verboten wird.

Es folgte ein für die meisten unverständlicher Nachsatz, der erklären sollte, was der Laie unter ‚Ton' zu verstehen habe. Für die Menge bot dies zunächst Anlaß zu erlösendem Gelächter. Gleich darauf schwiegen sie verwirrt, da Herrn Tschiskas reichhaltige akustischen Kenntnisse in keiner Weise zur Klärung der Angelegenheit beitrugen.

Einfach zu begreifen war das Verbot jeglichen Musizierens herkömmlicher Art, sei es in der Form von öffentlichen Konzerten, Hausmusik oder des Unterrichtes an Konservatorien und Musikhochschulen.

Aber erst als harmlose Passanten, die vergnügt und unwissend ein Liedchen vor sich hinpfiffen, verhaftet wurden, wußte die Menge, was die Stunde geschlagen hatte.

Und da Herr Lott die altbewährte Praxis aller Tyrannen ausübte, eine saftige Belohnung für die Denunziation eines jeden reaktionären Sängers auszusetzen, taten die Anschläge ihre sofortige Wirkung.

Gewiß, Herr Lott wußte, daß auch ein Diktator den Bogen nicht überspannen sollte. Einen Straßensänger sofort an die Wand zu stellen und ins Jenseits zu befördern, wagte selbst er nicht. Aber wer zahlt schon gern eine hohe Geldstrafe oder sitzt monatelang im Gefängnis nur für ein dahingeträllertes Liedchen?

Anfänglich machten sich wohlhabende Bürger einen Spaß daraus, auf einem belebten Platz mit wenig Verkehrslärm Aufstellung zu nehmen und lauthals mehr oder minder bekannte Gesänge anzustimmen, um sodann mit dem herbeigeeilten Ordnungshüter folgsam zur nächsten Wache zu marschieren und ihren Obolus zu entrichten.

Aber als die Regierung Lott begann, solch renitente Subjekte zuerst geschäftlich, dann persönlich zu schikanieren, wurden derartige Scherze eingestellt.

Insgesamt war Lott tief enttäuscht, wie wenig Widerstand das Verbot der Konzerte, das Abliefergebot von Schallplatten, Bändern und CDs, sowie sämtlicher gebräuchlicher Musikinstrumente (mit Ausnahme der Schlaginstrumente, die nur Geräusche erzeugten) hervorrief. Und es befriedigte ihn nur schwach, als sich die Gefängnisse mit Menschen füllten, die je nach Veranlagung wutschnaubend oder resigniert ihre Strafe absaßen.

So widmete sich Diktator Ernst Lott in Kürze dem Aufbau seiner neuen Kultur. Er wurde dabei weiterhin eng beraten von dem mit Orden und zahllosen Ehrentiteln dekorierten Adalbert Tschiska, dessen Stunde gekommen war, obwohl der Staatskomponist Nummer eins schon in Bälde von seinem berühmtesten Schüler weit überflügelt werden sollte.

Der Komponist Adalbert Tschiska hatte sich bereits ein volles Jahr mit Franz Kattmeyer jr. geplagt, als die konservative Musik im Lande Avanturien abgesetzt und verboten wurde. Der junge Franz war bisher, wie bei allen vorangegangenen Lehrmeistern, den Anweisungen Tschiskas freundlich und willig gefolgt. Ja, man konnte sogar feststellen, und der alte Kattmeyer sah es ebenfalls voller Freude, daß sein Sohn zum ersten Mal mit größerem Eifer bei der Sache zu sein schien.

Das hatte seine Gründe. Tschiska erwartete von seinem Schüler keinerlei Musikalität im landläufigen Sinne, und Fränzchen probierte die verschiedenartigsten Klangkombinationen aus, um seinen Lehrer zu erfreuen. So kam auch Tschiska im großen und ganzen leidlich mit seinem Schüler zurecht. Aber erst, als die Töne in Avanturien laut Regierungserlaß vom Erdboden verschluckt wurden oder zum Himmel aufstiegen – wohin sie sich retteten, blieb vorläufig unbekannt – fühlten sich Tschiska und sein Meisterschüler verpflichtet, kulturelle Werte zu schaffen, die der modernen Zeit und dem technischen Fortschritt entsprachen.

Genauer berichtet, war es Adalbert Tschiska, der sofort Unmengen ohrenbetäubender Schlagzeugmusiken komponierte, die von früh bis spät in die Nacht durch Radio und Fernsehen gesendet wurden. Bisweilen führte man seine Produkte auch einem mehr oder weniger gewaltsam herbeigetriebenen Publikum mittels Tonband vor. Der Eintritt zu solchen Veranstaltungen war selbstredend kostenlos; ja, die Regierung gab sogar beachtliche Gelder für anschließende Gewinnspiele aus, wo es üppige Preise für alle Hörer zu gewinnen gab, die sich durch besonders aufgeschlossene Fragen bei den obligaten Diskussionen auszeichneten, oder auch auffallend begeistert applaudiert hatten. (Als Trostpreise überreichte man allerdings nur Bandaufnahmen der vorgeführten Werke Tschiskas, die mit beherrscht-sauren Mienen in Empfang genommen wurden.)

Leider konnte man all diese Bemühungen mit dem besten

Willen nicht als ein neues, blühendes Konzertleben bezeichnen, und Diktator Lott brütete ständig verdrossen und naseschnaufend in seinen Amtsräumen über einen wahren „Aufschwung" nach, der auch die übrige Welt mit grenzenloser Bewunderung erfüllen sollte. In diesen ersten Wochen war eigentlich nur Prof. Dr. Dr. Tschiska wirklich zufrieden, sowohl mit seinem Erfolg wie auch mit dem Geldsegen, der ihm die Aufführungstantiemen bescherte. Von den Ehrungen, die auf ihn herabregneten, ganz zu schweigen. Bedauerlicherweise legte der plötzliche Reichtum seinen kulturellen Aufbaueifer lahm, und was er mit Franz junior anstellen sollte, wußte er tatsächlich nicht. Es interessierte ihn verständlicherweise auch nicht mehr, wenn er ehrlich zu sich war, was gelegentlich noch vorkam. So war er einigermaßen überrascht, aber vorerst keineswegs eifersüchtig oder verärgert, als der junge Kattmeyer sich anschickte, erwachsen zu werden und seinem Mentor mitteilte, er wolle in Kürze seine erste selbständige Veranstaltung aufziehen.

Der junge Mann bewies seinen Zeitgeist, indem er sein Auftreten nicht mehr als ‚Konzert', sondern als ‚Geräuscheschau' bezeichnete.

Und aus der Erkenntnis heraus, daß selbst in Avanturien Reklame kein leeres Wort sei, nannte er die angekündigte Darbietung etwas detaillierter ‚*Kattmeyers Geräuscheschau*'. Weiter stand auf dem Plakat, quasi als Einführung: *Der Mensch und die Kohle.* (Motto des Abends) *Kapellmeister Franz Kattmeyer junior erlaubt sich, dem verehrten Publikum erstmalig seine improvisierten Kompositions-Dirigate vorzuführen. Kommen Sie – hören Sie – sehen Sie –, und Sie werden begeistert sein!*

Als Kattmeyer Senior die überall angeschlagenen Plakate studierte – Fränzchen hatte sich zu Hause über sein Vorhaben in mysteriöses Schweigen gehüllt –, runzelte der Vater die schnurrbartähnlichen Brauen, preßte seinen Mund zusammen und sprach kein einziges Wort wie schon seit dem Tage der

Regierungsverfügung. Er hatte seinen gesamten Konservatoriumsbetrieb innerhalb von vierundzwanzig Stunden drastisch verkleinern müssen.

Offiziell gedieh und florierte das Institut zwar wie nie zuvor, da der berühmte Tschiska geruhte, aus reiner Gefälligkeit zahllose Lehrgänge und Vorträge an der Schule durchzuführen, die allerdings nur sehr spärlich besucht wurden.

Die einzige verbliebene Lehrkraft, ein Schlagzeuger aus dem aufgelösten Sinfonieorchester, hatte bedeutend mehr Zulauf, da die Menschheit in dem uralten Bestreben, sich hör- und bemerkbar zu machen, nun voller Wut und Verzweiflung mit allen verfügbaren Lärminstrumenten, die Herr Bitterfeld, der Schlagzeugpädagoge, zu bieten hatte, um sich schlug.

Plötzlich im Mittelpunkt des Interesses stehend, tat auch Herrn Bitterfeld der Umschwung sehr wohl, obgleich er ständig seine Überarbeitung beklagte.

Wie soeben erwähnt: Kattmeyer Senior schwieg zu allem. Er war zu verstört, um noch an irgend etwas zu glauben. Die Warnungen seines fast vollzählig ins Ausland entwichenen Lehrpersonals hatte er lachend in den Wind geschlagen. Es war das letzte Mal, daß ihn jemand lachen sah; und wer will ihn dafür tadeln, daß er nicht einmal mehr den lockenden Ankündigungen auf den Plakaten seines Sohnes Glauben zu schenken vermochte!

Und er schüttelte nur den Kopf, als ihm Fränzchen versicherte, sein Vater könne echt beruhigt sein, er werde eine ganz große, prima Sache starten.

Franz Kattmeyer junior startete sie, und eine neugierige Menge mit Diktator Lott an der Spitze strömte konzertersatzhungrig herbei. Und alle *hörten* – *sahen* und waren – wie auf den Plakaten versprochen – *begeistert*!

Das Publikum *sah* als erstes den jungen Franz Kattmeyer in der kleidsamen Tracht der Bergleute das Podium besteigen (das Ende des vorsintflutlichen Fracks wurde allgemein begrüßt), den Dirigentenstab in der rechten Hand wirbelnd.

Es *sah* weiter, wie sich hinter Franz wie im Theater ein leuchtend roter Vorhang hob und erblickte zur Linken, dort wo früher im Orchester die ersten Violinen zu sitzen pflegten, zehn Männer, von denen jeder eine vollgefüllte Kohlenschütte vor sich aufgestellt hatte.

Es *sah* leicht überrascht zur Rechten acht weitere Männer, vor deren sechzehn Füßen acht Türme mit jeweils vierzig Briketts standen.

Und es *sah* schließlich im Hintergrund einen riesigen Berg Anthrazit, einen mit Kohleschlacke und eine Mammut-Pyramide aus feinem Schlammkohlestaub – jede der Anhäufungen selbstverständlich mit dazugehöriger menschlicher Bedienung versehen.

Die Zuhörer tuschelten erregt hinter vorgehaltenen Händen und stellten wachsam ihre Ohren auf – bereit, endlich auch zu *hören*.

In der ersten Reihe wandte sich Diktator Lott um und zischte aufgebracht: „Pssssssssssst!"

Sogleich senkte sich atemlose Stille auf den überfüllten Saal.

Kattmeyer junior hob den Stab und deutete gebieterisch auf den vordersten der Kohlenschüttenmänner, welcher folgsam und behende seinen Kasten um etwa ein Drittel leerte. In rascher Folge zeigte der Dirigent nacheinander auf die restlichen neun Männer, die ebenfalls ihre Schütten unter maßvollen Geräuschen nach vorn kippten und sie eines Teiles ihres Inhalts entledigten. Jeder Mann, der die Prozedur des Auskippens gemeistert hatte, schaufelte eilends seinen Behälter wieder voll, sobald der Hintermann an der Arbeit war.

Als Kattmeyer alle zehn Kohlenmänner zur Linken des Podiums durchexerziert hatte, flogen seine Arme in die Luft, beide Hände auffordernd umherschwenkend, und ihr Besitzer umfaßte mit Imperatorblick die gesamte Gruppe, die daraufhin ohne Scheu und mit beachtlichem Getöse sämtliche Kohlen auf das Podium warfen.

Noch saßen die Zuhörer versteinert. Schwache Ansätze zum Aufstehen wurden durch zahlreiche an den Saaltüren postierte Wächter im Keim erstickt.

In der eisigen Stille hob Kattmeyer träumerisch seinen linken Arm, worauf der Mann vor dem Kohlenstaubberg leise, ja, fast geräuschlos den Staub mittels einer flachen, breiten Schaufel aus zwei Meter Höhe zu Boden rieseln ließ. Aus der Zuhörermenge hinter sich vernahm der junge Künstler die ersten 'Aaaaaaahs' und wußte, daß er gewonnen hatte. Und schon wurde diese lyrische Episode durch die Brikettierer zur Rechten unterbrochen, die in schicksalhafter Monotonie, von spannungsgeschwängerten Pausen durchsetzt, ihre Briketts einzeln zur Erde warfen. Als quasi zweite Stimme dazu begann auf Franzens aufmunterndes Winken ein Eierbrikett-Mann mit beiden Händen seinen Eierberg um- und umzuwühlen, welches eine angenehm auflockernde, nicht zu gewichtige Begleitung schuf. Vorsichtiger Beifall brandete auf, der sich im Verlauf des Abends von Nummer zu Nummer steigerte.

Des Komponisten (und gleichzeitigen Dirigenten!) reiche Fantasie bescherte dem aufgeschlossenen Publikum ein zweistündiges Programm ständig wechselnder Geräusche und damit verbundener Stimmungen: vom Bombengetöse eines Weltuntergangs bei vollem Orchester und Abwurf sämtlicher Kohlenvorräte, wobei die Trümmer der Kohlenschlacke den Vogel abschossen, bis zum romantischen Gerieseln feinster Geräusche, wie etwa das klackernde, einzelne Kohlenfallenlassen aus einem Zentimeter Höhe, wozu der Staubmann mit seiner virtuos gehandhabten Schaufel einen dünnen, diffuse Formen hervorzaubernden Sprühregen in die Luft zeichnete. Letzterer zeigte auch rein optisch Wirkung und verwandelte im Lauf der Veranstaltung den Dirigenten in eine rabenschwarze Erscheinung.

Dies reizte die Zuhörer am Ende der Darbietungen zu besonders begeistertem Beifall, damit Kattmeyers auch rein physische Hingabe an die Kohlen-Schau würdigend. Daß die

Kohle-Musiker den ganzen Abend mehr oder weniger unterdrückt vor sich hin husteten, ignorierten die Hörer diskret. Zum Schluß sprang Diktator Lott eigenfüßig auf die Bühne, umarmte Franz und schüttelte ihm minutenlang die Hand. Die Fotoapparate der Reporter blitzten ununterbrochen dazu: Avanturiens *Neue Kultur* war endlich zur vollen Blüte gelangt.

In der Folgezeit setzte Franz Kattmeyer junior seinen ganzen Ehrgeiz darein, das Publikum durch stetige Abwechslung bei Laune zu halten, aber auch, um der ihm nacheifernden Konkurrenz gewachsen zu bleiben. Da die Regierung ihm nahezu unbegrenzte finanzielle Hilfsmittel gewährte, waren seine Möglichkeiten überwältigend.

Von den besonders herausragenden Abenden sollte noch die ‚Reinigungsschau' erwähnt werden, in der sämtliche geräuschlichen und optisch reizvollen Varianten des Fegens, Wischens, Bohnerns und Scheuerns in bestechend abwechslungsreicher Form von einem ausschließlich aus Hausfrauen in Küchenschürzen bestehenden Orchester bis zur Neige ausgekostet wurden. Dieser Abend hätte um ein Haar einen zu besinnlich-weiblichen Charakter erhalten, wäre nicht zum Schluß eine gewaltige Straßenkehrmaschine auf die Bühne gewalzt. Auf Kattmeyers dirigatorische Anweisungen hin ließ das Vehikel all seine Künste spielen und kehrte schließlich das Podium von sämtlichen bohnernden, wischenden und fegenden menschlichen Elementen frei, bis auch ihr Franzens Wunderstab unerbittlich Einhalt gebot, und die mächtige Maschine auf einen letzten Wink hin beifallumbraust und Wasserfontänen ins kreischende Publikum sprühend, von der Bühne ratterte.

Übrigens hatte man für das kolossale Kehrinstrument nicht nur eine Auffahrtrampe, sondern auch einen zusätzlichen Bühnen- und Kulissendurchgang brechen müssen, da das Ding nirgendwo durchpaßte.

Ich brauche wohl kaum zu beteuern, daß der komponierende Dirigent seinen populärsten Erfolg mit seiner Auto-Geräuscheschau zu verzeichnen hatte. Hierbei nahm das Publikum beinahe zu lebhaften Anteil, vor allem an der Identifizierung der Motoren, welche im ersten Teil ohne Karosserie auf der Bühne erschienen und scheinbar hemmungslos, aber in Wirklichkeit streng spezialisiert vor sich hin knatterten. Im zweiten Teil bescherten die nun übergestülpten farbenprächtigen Hüllen auch dem Nicht-Fachwissen der Damenwelt hinreißende Genüsse.

Die Erfindungsgabe des jungen Kattmeyer arbeitete schier unerschöpflich. Da sowohl Auge wie auch Ohr etwas geboten wurde, und Franz eine natürliche Fähigkeit besaß herauszufinden, was das Volk sehen und hören wollte, steigerte sich sein Ruhm unaufhaltsam.

Auch Vater Kattmeyer saß in den Darbietungen seines Sohnes, die Lippen fest aufeinandergepreßt und die Ohren mit Ohropax verstopft. Er war unaufhörlich damit beschäftigt, sich einzureden, *wie* stolz er über den Aufstieg seines Sohnes sei.

Prof. Dr. Dr. A. Tschiska ahmte seinen ehemaligen Schüler skrupellos, aber nicht sonderlich erfolgreich nach, wodurch die Freundschaft zwischen beiden ein trauriges Ende fand.

Vielleicht hat der eine oder andere Leser längst gemutmaßt, daß die Besucher der Kattmeyerschen Geräuscheschauen nicht aus dem gleichen Publikum bestanden, das früher sogenannte Konzerte frequentierte. Die wenigen ‚Althörer' konnte man an den Fingern einer Hand abzählen, und auch sie verstopften, wie Kattmeyer senior, ihre Ohren und begnügten sich mit den optischen Reizen.

Wo aber waren die alten Musikfreunde?

Niemand wußte es, zumindest sprach man nicht darüber, denn keiner setzte sich gern der Gefahr aus, einige Jahre hinter Gefängnismauern schmachten zu müssen. Saßen vielleicht die Enthusiasten der verbotenen, alten Musikkultur in wohlabgedichteten Räumen und holten mit zitternden Händen Platten, CDs und Bänder mit den Schätzen der Vergangenheit hervor? Oder versammelten sich an abgelegenen Orten in unzugänglichen Kellerräumen die treuen Anhänger der zahlreichen Chöre des Landes, um im gemeinsamen Gesang, unter angstvollen Blicken zur Tür, ihr einmaliges Pianissimo zu kultivieren, welches die Männerchöre von Avanturien später weltberühmt machte? Es muß ähnlich gewesen sein.

Genaueres wird man niemals erfahren, da hinterher jeder vorgab, ein Märtyrer gewesen zu sein.

Um die folgenden, fast unerklärlichen Vorgänge glaubwürdig schildern zu können, müssen wir zu jenem Tag zurückschreiten, an dem Diktator Lott´s Manifest wider die Musik alle Anschlagsäulen des Landes zierte, und die Menschen in dichten Knäueln davorstanden, zum Teil noch lachend und Witze reißend, da sie die Auswirkungen nicht voraussehen konnten.

Am Abend dieses schicksalschweren Tages hörte man in Avanturien die letzten Konzerte.

Wir erinnern: Ab zweiundzwanzig Uhr trat das neue Gesetz in Kraft. Die Veranstalter in den verschiedenen Städten schafften es fast überall, die Konzerte eine halbe Stunde vorzuverlegen, so daß die Musik programmgemäß zu Ende geführt werden konnte.

Eine Ausnahme bildete die Kreisstadt Katenburg; sie geriet als einziger Ort in Schwierigkeiten. Zwar hatte auch hier der geschäftige Kulturdezernent dafür gesorgt, daß ab mittags Bekanntmachungen aushingen, auf denen der vorgezogene Konzertbeginn angekündigt wurde. Auch saß das Publikum vorschriftsmäßig und vollzählig Punkt Neunzehnuhrdreißig im Konzertsaal und wartete auf den Beginn. Vergebens.

Das gesamte aus der nahegelegenen Hauptstadt zu den Abonnementskonzerten anreisende Sinfonieorchester lag mit dem Reisebus und einer Motorpanne am Straßenrand fest. Die Musiker erschienen abgehetzt und mit frenetischem Jubel begrüßt um genau einundzwanzig Uhr im Konzertsaal zu Katenburg. Man hoffte trotzdem, das letzte konventionelle Konzert des Landes noch retten zu können, verkürzte die Pausen zwischen den einzelnen Sätzen (die offizielle Konzertpause fiel selbstverständlich aus) und eilte mit mörderischem Tempo durch die schnellen Ecksätze – die Musiker schweißgebadet ihre Instrumente malträtierend, der Dirigent ein hysterisch zappelndes Bündel.

Aber bereits nach dem einleitenden ersten Werk verkündete der Dirigent den Zuhörern mit erstickter Stimme: Wir können das volle Programm nicht bis zweiundzwanzig Uhr schaffen.

Das letzte Stück der Vortragsfolge, die zweite Sinfonie von Schumann, muß leider wegfallen. Dagegen hoffen wir, das mittlere Werk, Mozarts Violinkonzert in A-Dur, noch vollständig bringen zu können, als trostvollen Abschluß einer Musikepoche, deren Ende wir hier nun alle miterleben." Er räusperte sich, schneuzte kurz in ein Taschentuch und hob den Taktstock. Der Solist des Violinkonzerts, ein berühmter Künstler, hatte sich vorgenommen, unter allen Umständen die Nerven zu bewahren und den langsamen Mittelsatz nicht zu überhetzen. Da er ein routinierter Geiger war, hielt er wenigstens dieses Vorhaben durch, und die Menge seufzte ergriffen am Ende des Adagios.

Aber als der Solist den Schlußsatz begann, das gemächliche Rondo im Menuett-Tempo, wußte er nach dem ersten verstohlenen Blick auf seine Taschenuhr, daß dieser Satz niemals als Menuett enden konnte.

Ein Dolchblick zum Dirigenten genügte. Der Taktstock wirbelte, das Tempo zog zum Allegro assai an, und der schon an sich rasche Mittelteil steigerte sich zu einer Tarantella verwegenster Art. Danach begann das eigentliche Rennen mit der Zeit. In einer irrsinnigen Stretta raste in immer schneller werdendem Zeitmaß Mozarts liebliches Rondo in Schnellzuggeschwindigkeit dem Ende aller Musik entgegen.

Während der letzten hundert Takte hielt der Dirigent seine Uhr offen in der linken Hand, während die rechte das Orchester erbarmungslos anpeitschte. Punkt zehn Uhr ertönte im pianissimo, kaum hörbar, der abschließende A-Dur-Akkord im Raum, während die Flügeltüren des Saales aufschwangen und die Lottsche Polizeigarde in strammer Haltung Aufstellung nahm, um jeden jetzt noch erklingenden Ton aufs schärfste zu ahnden.

Keine Hand wagte sich mehr zum Beifall zu rühren, und das erstarrte Publikum hörte den Pianissimo-Akkord geisterhaft zur weit geöffneten Tür hinauswehen. Er wehte harmonisch und rein, aber zitternd und verlassen durch das dunkle Land und suchte Schutz. Schutz vor Verfolgung, Schutz bei Menschen, die ihn nicht preisgeben, sondern verstecken und retten würden.

Als er nach stundenlangem Irrflug das letzte und einsam gelegene Vororthaus der Hauptstadt erreichte, wehte er durch dessen verfallende und einen Spalt offen stehende Tür hinein. Im Keller des Hauses befand sich ein kleiner Saal, der früher einmal einer Sekte gehört hatte; dort erholte sich der Dreiklang von seiner Flucht, und dort fand ihn am anderen Vormittag ein alter Mann, der als einziger im Haus wohnte.

Voller Furcht vernahm er das ununterbrochene Tönen des Dreiklangs und kämpfte den ganzen Tag über mit sich, ob er ihn der Polizei melden müsse. Glücklicherweise konnte er sich nicht dazu entschließen, aus dem simplen Grunde, weil er nicht wußte, als was er das verbotene Klingen anzeigen sollte. Schließlich hatte er doch nicht selbst gesungen, ebensowenig einer seiner Mitbürger, dessen Denunziation ihm immerhin eine Belohnung hätte einbringen können!

Wer also war strafbar? Nach weiterem intensivem Grübeln gab er auf.

Trotzdem dauerte es einige Wochen, bevor er einem alten Weiblein, seiner langjährigen Seelenfreundin, davon zu erzählen wagte. Danach setzten sie sich gemeinsam in den kleinen Saal und lauschten dem unaufhörlichen Klingen.

So begann es.

Die Gemeinde um den übriggebliebenen Dreiklang wuchs langsam aber stetig. Neue Mitglieder, oder besser Hörer, wurden mit größter Zurückhaltung ausgewählt und zugelassen. Trotz aller Vorsichtsmaßnahmen rechnete man insgeheim jederzeit mit einem Verrat, aber keiner sprach darüber.

Und so blieb die ganze versammelte Schar still und ergeben sitzen, als eines Abends mitten während des sirrenden Ohrenschmauses die Tür aufgerissen wurde, und mit dem kalten Luftzug Lotts Leute hereinströmten.

Der Dreiklang hatte in den letzten Monaten viel von seiner

Ängstlichkeit und Scheu verloren, die Beachtung und Verehrung taten ihm unendlich wohl. Er wußte kaum noch, daß er ein Pianissimo-Dreiklang war, der den Abschluß von Mozarts A-Dur Konzert bildete und wuchs und blähte sich und tönte von Tag zu Tag mächtiger und aufregender.

Auch Lotts Polizisten vernahmen ihn. Ein einziger unter ihnen war so unmusikalisch, daß er nichts als ein Dröhnen in seinem dumpfen Kopf registrierte.

Seine verständnislose Frage: „Was läuft denn hier für eine verrückte Maschine?" brachte ihm in Sekundenschnelle einen wohlgezielten Hieb unters Kinn ein und ließ ihn umgehend mit unmelodischem Aufprall zu Boden gehen. Dort blieb er unbeachtet liegen, während die Lottsche Truppe mit offenem Munde den langentwöhnten Klang in sich hineinschlürfte. Dieser nutzte die Gelegenheit und entwich mit gewaltigem Brausen durch die weit offene Tür.

Die Zuhörermenge, mit Lotts Leuten an der Spitze, trampelte über den am Boden Liegenden hinweg auf die Straße und folgte im Laufschritt dem Tönen, das mit orgelartig anwachsender Kraft auf das Zentrum der Hauptstadt zuraste.

Als der Klang ein großes Gebäude umwehte, aus dem kreischende und quietschende Geräusche quollen, witterte er sofort, daß er die Wirkungsstätte seines Widersachers erreicht hatte. Und der schüchterne, hauchzarte Pianissimo-Dreiklang von damals fuhr, zur Fortissimo-Lautstärke angewachsen, durch das Schlüsselloch der Saaltür mitten in Kattmeyers Geräuscheschau.

Zu jedem Überraschungssieg gehört eine gute Portion Glück, und der A-Dur-Klang hatte sie: Er tönte ausgerechnet in die einminütige Stille hinein, die dem Applaus einer Kattmeyerschen Produktion folgte.

Als der Dreiklang den Raum zu füllen begann, blickten die Menschen zunächst suchend um sich. Des Töne-Hörens längst entwöhnt, glaubten sie, mit den Augen finden zu können.

Aber sie sahen nichts.

Dann begriffen sie.

Und einem unerklärlichen Zwang folgend, erhoben sich alle von ihren Plätzen und senkten die Köpfe, auf daß niemand ihre Tränen sähe. Einige wenige behielten einen verständnislosen Ausdruck im Gesicht zurück – die Unglücklichen, deren Trommelfell den Unterschied zwischen Geräusch und Ton nicht unterscheiden konnte: die hoffnungslos Unmusikalischen.

Den Leser wird es kaum verwundern, daß auch Franz Kattmeyers Antlitz jenen Ausdruck trug, als er das Podium wieder betrat, bereit zu neuen, geräuschvollen Taten. Er fühlte nur, daß etwas Ungewöhnliches vor sich ging und starrte verwirrt auf die bewegungslos vor ihm stehende Zuhörermenge. Das ihm unverständliche Klingen im Saal begann ihn zu nerven. In rasender Eile wandte er seinen Kopf ruckartig hin und her in dem sinnlosen Bestreben, auf diese Weise den Urheber des Dröhnens ausfindig zu machen.

Mit bereits halbirrem Blick versuchte er schließlich, den ihm zunächst sitzenden Geräuschemann zum Einsatz, das heißt, zum Schaben eines Stückes Eisen an einer überdimensionalen Feile zu bewegen (Die Geräuscheschau lief unter dem Motto: ‚Herrscher über das Metall'). Der Mann machte eine unsichere Bewegung in Richtung seiner Feile, aber als das erste kreischende Geräusch in den Saal drang, fielen die Kollegen über ihn her und rissen ihm sein ‚Instrument' aus der Hand. Kattmeyer unternahm noch einen zweiten Versuch mit einem Einsatz für ‚volles Orchester', aber das ‚Orchester' rührte sich nicht. Statt dessen warfen Kattmeyers Mannen angstvolle Blicke auf das aus seinen lyrischen Gefühlen gerissene Publikum, welches sprungbereit dastand, um beim nächsten Geräusch über dessen Verursacher herzufallen.

Und über allen orgelte der Dreiklang, noch immer in stetigem Crescendo begriffen.

Da faßte Franz mit beiden Händen an seinen zerspringenden Kopf, sprang mit einem Satz von der Bühne mitten in die aufbegehrenden Zuhörer, kämpfte sich zum Ausgang durch und jagte davon, den Dreiklang und eine Menschenmenge auf den Fersen. Es gelang ihm, vor der nachdrängenden Meute im allerletzten Augenblick die Tür seines Hauses zuzuwerfen und in das Zimmer zu stürzen, in dem der nun über achtzigjährige alte Kattmeyer saß und las. Seit einiger Zeit besuchte er die Veranstaltungen seines Sohnes nicht mehr, da er innerhalb weniger Monate trotz des schützenden Ohrenwachses völlig ertaubt war. Seitdem fühlte er sich, obwohl er es keinem eingestand, endlich wieder glücklich.

Er sah erschreckt hoch, als er den abwesenden Blick seines Sohnes wahrnahm, mit dem dieser im Zimmer herumzusuchen begann. Scheinbar wahllos riß er sämtliche Schranktüren und Schubladen auf, bis er genügend Papier und Schreibzeug zusammengerafft hatte. Er warf alles auf einen großen Tisch am Fenster, setzte sich dazu und fing unter halblautem Gemurmel an zu zeichnen.

Der alte Kattmeyer ahnte damals noch nicht und überlebte es auch nicht lange, daß sein Sohn die ihm verbleibenden letzten Jahre seines allzu kurzen Lebens damit verbringen sollte, jeden auffindbaren Fetzen Papier vollzukritzeln mit dem wahnwitzigen Versuch zur Sichtbarmachung dessen, was ihm nicht vergönnt war zu hören.

Mitleidige Nachbarn und einstige Verehrer seiner Geräuscheschauen versorgten ihn mit dem notwendigen Papiernachschub, und als Gegenleistung wies Franz ihnen mit stolzem, irrem Blick seine neuesten Werke vor.

Die größere Tragödie war im Grunde, daß Franzens Vater an jenem Abend die vor dem Haus versammelte Menge nicht mehr zu hören vermochte und noch weniger das wohlklingende, machtvolle Tönen in der Luft.

Der Dreiklang begnügte sich mit dem Triumph, seinen gehaßten Gegner in die Flucht geschlagen zu haben und setzte seinen Siegeszug ungehindert fort bis zum Zentrum der Stadt, dem großen Ernst-Lott-Platz.

Dort ließ er sich auf dem alten Ehrenmal, einem steinernen Obelisken, nieder, der wegen des starken Verkehrs ein bis dahin unbeachtetes Dasein geführt hatte, weil kaum je ein Fußgänger nah an das Mahnmal herangelangen konnte.

Innerhalb weniger Minuten war der ganze Platz mit Menschen verstopft. Am Anfang hörte man noch das empörte Gellen der Autohupen, aber in kurzer Zeit kam der gesamte Verkehr zum Erliegen, und die Verkehrsampeln blinkten ihre bunten Signale nutz- und zwecklos in eine Welt, die nur noch hören wollte.

Einige hartgesottene Autofahrer, die versuchten, ihren Motor wieder anzulassen, wurden von der aufgebrachten Menge aus ihren Wagen gezerrt und mußten froh sein, mit dem Leben davonzukommen. Die paar, die nichts von dem für sie unverständlichen Getümmel begriffen, hüteten sich wohlweislich, das einzugestehen.

Die Polizei gab zunächst einen Funkspruch an das Verkehrsministerium durch:

Ein Chaos unvorstellbaren Ausmaßes drohe, da nicht nur das Zentrum, sondern auch bereits die Zufahrtsstraßen in die Stadt blockiert seien.

Darauf rückten starke Polizeieinheiten mit Wasserwerfern an.

Das Ergebnis war gleich Null. Der weitaus größere Teil der Ordnungshüter stand breitbeinig und untätig da und lauschte mit weitaufgerissenen Ohren, während sich die Wasserschläuche unbenutzt am Boden ringelten. Letzte Pflichtgetreue wurden von der Masse voller Lust k.o. geschlagen.

Erst nach einigen Stunden drang die Katastrophenmeldung bis zu Diktator Lott vor, der ausgerechnet an diesem Tag in einem seiner Landhäuser außerhalb der Stadt seinem streng geheimgehaltenen Privatleben frönte.

Lott schmetterte sofort, wie es sich für einen Machthaber geziemt, diktatorische Befehle durchs Telefon. Er wurde erst unruhig, als ihm nach weiteren Stunden sein letzter Anhänger das Resultat mitteilte: Nicht nur die gesamte Polizei, sondern auch seine geliebte Armee, die sich endlich in Panzern bis zu dem lästerlichen Platz vorgewühlt hatte, war moralisch zusammengebrochen, noch bevor ein einziger Schuß abgegeben werden konnte.

Die Menge saß inzwischen eng aneinandergedrängt im Windschatten der Militärfahrzeuge, denn die Nacht drohte empfindlich kalt zu werden. Es hatten sich kleine Trampelpfade gebildet, durch welche sich ein Teil der Leute zu ihren Häusern aufmachte, um von dort heiße Getränke, aber vor allem warme Bekleidung und Decken zu holen.

Wie zu erwarten, befanden sich unter den Getränken auch alkoholische, und die Stimmung auf dem Platz wurde von Stunde zu Stunde ausgelassener. Zu Ausschreitungen kam es glücklicherweise nicht, da jedem beginnenden Krakeel sofort mit allgemeinem Gezische und kurzen, scharfen Protestrufen: „Ruhe! Stört den Klang nicht!" ein Ende bereitet wurde.

Am frühen Morgen flog Lott eigenhändig seinen Privathubschrauber zum verödeten Funkhaus, wo ihm auf zahllose Drohgebärden endlich ein alter tauber Pförtner öffnete. Nach vielen technischen Fehlschlägen, Ernst Lott war Funkamateur, sonst hätte er es überhaupt nicht geschafft, gelang ihm eine fanatische Rundfunkansprache, die wie ein Rohr im Winde schwankte zwischen gräulichen Vergeltungsmaßnahmen und unbestimmten Versprechungen. Durch angestrengtes Nasehochziehen vermochte er seine Gehirntätigkeit schließlich erheblich zu steigern, bis er sich eingestehen mußte, daß seiner brillanten Rede vermutlich kaum eine einzige Untertanenseele gelauscht hatte.

Diktator Lott seufzte und flog zu seinem Landhaus zurück. Dort hatte inzwischen das gesamte Personal inclusive seines privaten Damenflors die Gelegenheit beim Schopf ergriffen und das Weite gesucht. Diese Ungeheuerlichkeit versetzte Lotts bis dahin eherner Haltung den Todesstoß.

Nach zwei weiteren Stunden faßte er einen endgültigen Entschluß. Als der Hubschrauber auf dem flachen Dach der Staatsdruckerei aufsetzte, schickte Lott ein Stoßgebet in Richtung seines Diktatorenhimmels, nicht auch noch den Druck seines Widerrufs ohne fremde Hilfe besorgen zu müssen.

Wie er es dann tatsächlich schaffte, interessierte außer ihm selbst niemanden.

Bereits am Nachmittag flatterten über der ganzen Stadt ungezählte Flugblätter aus seinem Helikopter zu Boden, auf denen er seine Niederlage eindeutig, wenn auch durch viele Umschreibungen bagatellisiert und geschönt, bekanntgab.

Und als der gedemütigte Diktator am späten Abend, vorsichtshalber verkleidet, allein und zu Fuß, den Ernst-Lott-Platz erreichte, war der ganze Spuk verschwunden.

Um ihn brandete der Verkehr, als sei nichts geschehen.

Nur an einer Reklametafel erblickte er zu seinem Verdruß ein riesiges Plakat, auf dem die ‚Neue Philharmonie' ein Konzert mit Werken von Mozart, Beethoven, Schubert und Brahms ankündigte.

Erst als Lott genau hinschaute, entdeckte er dank seines bescheidenen Wuchses ganz unten in der Ecke einen kleingedruckten Vermerk, in dem Herr Tschiska, der berühmteste Ton-Künstler Avanturiens (das Wort ‚Ton' war fett gedruckt), sich die Ehre gab, als Abschluß des Konzerts seine neukomponierte ‚Hymne an die Freiheit' für Singstimme und Orchester in A-Dur zur Uraufführung zu bringen.

Das letzte Lachen

Als das Telefon läutete, setzte Anuschka mit einem gekonnten Sprung über die Sofalehne, den Höhenunterschied mit sicherem Blick abschätzend. „Mauritius, endlich! Ich hocke schon den ganzen Tag und die halbe Nacht auf dem scheußlichen Sofa und warte auf deinen Anruf! Mein Mauri, mein schwarzes, geliebtes Ungetüm!"

„ ... "

„Wann sehen wir uns?"

„ ... "

„Was? Erst morgen in deiner Generalprobe? Warum kann ich nicht gleich kommen?"

„ ... "

„Wieso zu spät in der Nacht? Es ist noch nicht einmal zwei Uhr! Seit wann bist du so prüde?"

„ ... "

„*Mir* ist das völlig gleichgültig!"

„ ... !!!"

„Ach so, du mußt auf *deinen* Ruf achten! Daran hab ich nicht gedacht!"

„ ... "

„Ja, ja, ich verstehe. Das heißt, *ich* würde *nicht* darauf achten! Und mir wäre es piiiiiepegal, in der Generalprobe lauter falsche Noten zu erwischen! Vorausgesetzt, ich könnte Klavier spielen. Ich würde es ja zuuuu gern erlernen – aber diese furchtbar vielen Tasten könnte ich nie auseinanderhalten. Sie sehen alle so gleich aus, von den schwarzen mal abgesehen ... ach, wie ich dich bewundere!"

„ ... "

„Ja, ja, ja, ich habe begriffen, warum es heute nacht nicht mehr geht! Obwohl, eigentlich begreife ich gar nichts. Ich werde nie einen Mann verstehen – du bist doch ein Mann, oder?"

„ ... !!!"

„Ich wollte dich wirklich nicht kränken! Warum bist du neuerdings so empfindlich? Sind das etwa deine Nerven? Früher hattest du keine! Wie auch immer, ich werde mich morgen mindestens eine Stunde lang kämmen, bevor ich in deine dumme Generalprobe gehe! Ich werde mich kämmen, daß die Funken bis aufs Podium zischen und dich an deinem geliebten Flügel verbrennen!"

„ ... !!!"

„Entschuldige, sollte nur ein Spaß sein! Jetzt ist dir schon wieder der Fisch die falsche Halsröhre hinabgerutscht! Dabei freue ich mich doch so raaaasend auf deine Probe! Am liebsten würde ich sofort auf die Bühne springen und dich vor Liebe anbeißen, mein Mauri, Schauri, Lauri ..."

Ich will mir die weitere Aufzählung der immer sinnloseren Kosenamen ersparen, mit denen Anuschka ihren Heißgeliebten überschüttete. Falls sich der Leser nicht gerade in einem ähnlichen Seelenzustande befindet, wird er sonst womöglich Anuschka für eine höchst lächerliche Person halten und ihr sein Interesse angewidert entziehen.

Schalten wir uns erst wieder ein, nachdem Anuschkas Wortschatz auch für die Allgemeinheit genießbar geworden ist.

„ ... und nach der Probe gehen wir zusammen in die ... versprich es deiner Nuschi, noch bevor ich dir sage, wohin wir ..."

„ ... "

„Du kannst es dir schon denken?"

„ ... "

„Stimmt haargenau!"

„Nicht vornehm, dorthin zu gehen? Unsinn! Neulich habe ich sogar Professor Bärlapp mit seiner Freundin da getroffen! Also du gehst mit mir in den Anthro ... Anthropologetischen Garten!

O, wie ich mich freue! Wenn wir uns beeilen, kommen wir vielleicht noch rechtzeitig zur Mittagsfütterung, die ist immer so lustig!"

„ ... !!! "

„Du findest mich vulgär? Du bist ja über nichts orientiert, obwohl du meist so hochgestochen wie eine Stechmücke daherredest!

Neulich hat zum Beispiel mein Dr. Vogelsang in unserem Kursus einen *ganzen* Abend ... hörst du mir eigentlich noch zu?"

„..."

„Warum sagst du dann nichts?!"

„ ... ?"

„Warum ich *mein* Dr. Vogelsang sage? Warum soll ich es denn nicht sagen?"

„ ... ?"

„Natürlich ist er hübsch, sehr sogar!"

„ ... !!!"

„Du machst dich ja lächerlich! *So* verrückt bin ich nicht, mich ausgerechnet in Dr. Vogelsang zu verlieben! Hach, ich könnte schreien vor Lachen!"

„ ... !!!"

„Warum darf ich denn nicht lachen? Ist doch das Allerneueste, unser Lachen! Du bist ja vollkommen degeneriert!"

„!!!"

„Das Wort habe ich gestern bei Dr. Vogelsang im Fortbildungskurs gelernt: degeneriert!"

„!!!!!!"

„Du willst seinen Namen nicht mehr hören? Na gut, aber dann mußt du dich nicht wundern, wenn ich ..."

„ ... !"

Ich soll berichten, was ich gelernt habe?

Sehr schwirig, wenn ich seinen Namen nicht mehr ... also er hat gesagt, wir müßten unsere Vergangenheit unbedingt abstreifen. „Er" ist Dr. ... du weißt schon, wer! Was bedeutet eigentlich abstreifen? Wir sind doch keine Schlangen, die ihre Haut gelegentlich abstreifen! Ich will auf gar keinen Fall wie eine Schlange werden! Selbst Dr. ... Dings wird mich nicht dazu bringen, das geht entschieden zu weit! Er soll froh sein, daß ich ihn nicht ... es wäre mir ein leichtes ... bist du jetzt zufrieden?"

„ ...!"

„Nein? Du wolltest doch genau wissen, was er den ganzen Abend geredet hat! Seine Vortragsweise ist *äußerst* interessant ..."

„ ...!!!"

„Wieso fange ich schon wieder an?! Jetzt bringst du mich zum hundertsten Mal von der Fährte ab! Also Dr. Vau sagte unter anderem, die Apologetischen ..."

„!!!"

„Spiel dich nicht so auf! Du kennst auch nicht alle Fremdwörter! Jedenfalls meinte er, es sei sehr lehrreich, in diese Antrolet ... in diese Gärten zu gehen, egal, wie es genau heißt!"

„Ich rieche dir zu sehr nach Fortbildungskurs? Riechen ist heutzutage *sehr* ungehörig. Jedenfalls behauptet Dr. Dingelbums, man darf überhaupt nichts mehr riechen oder so, sonst ist man nicht stubenrein, ich meine, gesellschaftsfähig!"

„!!!"

„Du hast die Nase voll von dem Dingel-Kursus?"

„!!!"

„Ich soll zu dir kommen? Jetzt? Sofort?"

„...!!!"

„Liebster, es ist aber reichlich spät geworden, und mein Ruf... Dr. Dingelbach sagt immer, unser Ruf sei unser Heiligtum und ..."

„*Was* hast du da gerade gesagt? Wenn du nicht mein liebes, schwarzes Ungetüm wärest, müßte ich jetzt denken, du bist ein Schwein! Warum soll man eigentlich das Wort ‚Schwein' nicht mehr aussprechen als Gebildete? Ich hab noch kein einziges Schwein etwas Unanständiges rüsseln hören, während du ..."

„!!!"

„Natürlich komme ich sofort! Habe ich doch von Anfang an vorgeschlagen! Stattdessen muß ich mich stundenlang mit dem Apparat abmühen, obwohl du doch weißt, wie ich Telefone hasse! Schon die Sache mit den Nummern ist so schwierig!"

„ ... !!!!!"

„Ich komme! Ich kommmmmmmmmmmmmme! Ich muß mich nur noch ein klein wenig herrichten und kämmen, damit ich dir auch gefalle ... Kussi ... Bussi ..."

Wieder rutschte Anuschkas Wortschatz von der höheren Bildungsstufe in die Niederungen verliebter Neuschöpfungen hinab. Nach zahllosen, schmelzend durchs Telefon gehauchten Küssen tupfte sie mit ihrer samtweichen Hand auf die Gabel, hüpfte in ihr Schlafgemach und begann sich zu kämmen. Dabei konnte sie nicht umhin, einige Lobeshymnen auf Dr. Vogelsang vor sich hinzuträllern – auf Dr. Vogelsang, der Mauritius zu so trefflichen Eifersuchtsausbrüchen getrieben hatte, und dem sie verdankte, daß ihr Geliebter seinen guten Ruf vergaß, und sie zu ihm eilen durfte – Dr. Vogelsang, den sie sehr verehrte und nur ganz selten, bei gelegentlichen und von ihr sehr bedauerten Rückfällen, über alles in der Welt gern verspeist und aufgefressen hätte.

Seit die Menschheit von der Tierwelt in einem grandiosen Freiheitskampf besiegt und, wie von alters her bei solchen Anlässen üblich, zum großen Teil vernichtet worden war, hatte sich auf der Erde vieles verändert.

Dank der vorangegangenen menschlichen Bemühungen, alle Welt an der steilen Entwicklung des Jahrhunderts teilhaben zu lassen, zuerst die unterentwickelten Länder und schließlich gerechterweise auch die Tierwelt, konnte diese ihren unausweichlichen Krieg gegen die ausbeuterische und tierquälende Menschheit siegreich durchziehen.

Dem Krieg vorangegangen war ein phänomenaler Aufschwung des tierischen Verstandes, der die kriegerische Auseinandersetzung überhaupt erst möglich machte.

In kürzester Zeit erlernten die Tiere fast alles, was sie bisher von den Menschen unterschieden hatte: Technik, Kultur und feine Sitten. Vor allem aber lernten sie, Krieg zu führen und hemmungslos zu morden, eine Tätigkeit, die ihnen neu war.

Wie dem auch sei, ehe die Menscheit es sich recht versah, war sie ausgerottet, oder doch nahezu ausgerottet. Jedenfalls blieben nicht viele übrig nach dem berühmten Freiheitskampf. Dieses Wort übernahmen sie ganz besonders gern von den Menschen. Es klang so edel und gab der ganzen Sache Moral und Rechtfertigung, worauf man im Tierreich bereits großen Wert legte.

Wie zu erwarten, ging die Errichtung des neuen Staates nicht ohne Schwierigkeiten vor sich, denn nicht alle Tiere zeigten die gleiche Begabung und erhoben sich unterschiedlich rasch aus ihrer Unwissenheit. In den staatlich subventionierten Fortbildungsschulen standen zahllose der gelehrigsten Tiere am Katheder, um ihre neuerworbene Weisheit auch an die Langsamen und Minderbegabten weiterzugeben. Der sensationelle Erfolg gab dieser Milliarden verschlingenden Institution recht. Voller Befriedigung stelltten die Tiere fest, daß sie keineswegs so unintelligent waren, wie man ihnen in früheren Zeiten stets eingeredet hatte. Längst beherrschten sie die menschliche Sprache und fast alle Errungenschaften der Zivilisation.

Als allerletztes gelang es ihnen, die Fähigkeit des Lachens zu erwerben.

Sie hatten schon aufgegeben, diese äußerst merkwürdige menschliche Gefühlsregung zu übernehmen und sich damit abgefunden, ihren tierischen Ernst beizubehalten.

Später, als alle die Kunst des Gelächters souverän beherrschten, rühmten ihre Lehrbücher diese Verfeinerung des Ausdrucks in leuchtenden Farben. Ja, einige nicht unbedeutende Köpfe wagten die kühne Behauptung, das Lachen sei die einzige erfreuliche Eigenschaft, die man den Menschen abgeschaut habe.

Ich möchte nicht das unverzeihliche Versäumnis begehen, dem Leser zu verschweigen, wie es zur Übernahme dieser menschlichen Fähigkeit kam.

Das Ereignis spielte sich in einem der bereits von Anuschka erwähnten Anthropologischen Gärten ab, die jede größere Stadt besaß. Es war ausgerechnet eine Ziege, die erstmals in der Geschichte des Tierstaates ein höhnisches Gemecker ausstieß, anfänglich noch in der allgemein bekannten tierisch-zikkigen Art.

Manche behaupten (vielleicht zu Unrecht, Anm. d. Verf.), die Ziege sei von Natur aus ein schadenfrohes Geschöpf, das sich am Unglück anderer weide.

Die soeben erwähnte Vierbeinerin stand vor einem Käfig und beobachtete mit scharfem Blick mitleidlos eine Menschenfamilie, die mürrisch ihr einfaches Mittagsmahl in sich hineinmümmelte. Als die Ziege, ihrer angeblichen Natur gemäß, ihr boshaftes Gemecker immer lauter und unmelodischer erklingen ließ, versetzte ein hinter ihr stehender Elefant der Meckernden aufgebracht einen mahnenden Hieb mit dem Rüssel über den Kopf, worauf das Geräusch urplötzlich und übergangslos in echt-menschliches Gelächter umschlug.

Offen gestanden, das war eigentlich alles.

Die übrigen Besucher starrten die Ziege noch verwirrt an, als auch schon ein Affe in das Gelächter einstimmte. Und innerhalb weniger Sekunden lachte die ganze Schar rund um den Käfig in aufreizender Weise, kein gutes, aber ein zweifellos menschliches Lachen.

Die Ziege mit Namen Hanna Meckenbusch wurde gleich am nächsten Tag von der Presse interviewt, und man befragte sie eingehend, was für sie der eigentliche Auslöser zu solch schrillem Fortschrittsgemecker gewesen sei.

Hannas Antwort leuchtete jedem ein und war gleichzeitig ein schöner Beweis ihrer weit vorangeschrittenen Höherentwicklung: Sie habe beim besten Willen nicht begreifen können und als absolut absurd empfunden, warum diese komischen Leute mit Messer und Gabel gespeist hätten! Es habe so ausgesehen (abgesehen von der Mühsal), als beabsichtigten die Menschen, sich die Eßinstrumente in selbstmörderischer Weise tief in den Hals zu stoßen, was sie ja in gewisser Beziehung auch getan hätten, gedächte man des siegreichen Freiheitskampfes!

Darauf stimmte Hanna Meckenbusch zum zweiten Mal ihr neuerworbenes Gelächter an, und die Presse zeigte sich tief beeindruckt. Man schoß ein schmeichelhaftes Foto, und Hanna Meckenbusch, ‚Die erste lachende Ziege unserer neuen Republik', hing fortan nicht nur in jedem Amtsraum, sondern auch, geschmackvoll gerahmt, in allen Privatwohnungen, die auf Kultur hielten.

Inzwischen lag die Gelächter-Periode lange hinter ihnen. Man praktizierte voller Eifer die Errungenschaften der neugewonnenen Zivilisation und vervollkommnete die Beherrschung vornehmer Umgangsformen.

Der Sektor Kultur stand dabei besonders hoch im Kurs.

Alle waren damit beschäftigt, letzte Erinnerungen und Rückfälle ins schon beinahe sagenhafte ‚Tierleben' auszulöschen. (Zum Beispiel galt das Wort ‚Instinkt' als unmöglich, und mancher der Nachfolgegeneration kannte nicht einmal dessen Bedeutung mehr.)

Auch rein äußerlich hatten sich die Tiere verändert: Sie begannen, sich einander anzugleichen, die Unterschiede zwischen den Arten waren nicht mehr so gravierend wie ehedem. (Obwohl man auch jetzt noch ohne Mühe ein Kamel von einem Regenwurm unterscheiden konnte.) Ganz allgemein definiert, waren vor allem die ehemals kleinen Tierarten größer geworden. Das Wachstum wurde in erster Linie durch sportliche Ertüchtigungslehrgänge ausgelöst.

Leider stand ein Teil der Tiere kopfschüttelnd und gelangweilt auf den prächtigen Sportplätzen herum, während sich in ihrem Innern der Wunsch regte (nehmen wir als Beispiel die Katzen), endlich wieder eine sinnvolle Jagd auf eine Maus machen zu dürfen, anstatt einen Ball ohne den geringsten Sinn und Verstand möglichst weit zu schleudern.

Aber solche Gefühle sprach man selbstverständlich nicht mehr aus.

Man besuchte fleißig die Fortbildungsschulen und sammelte alle vorgeschriebenen Zeugnisse, die notwendig waren, um bestimmte Ämter einnehmen zu können.

Selbst für den Konzertbesuch hatte jedes Tier mehrere Speziallehrgänge nachzuweisen. Das Abschlußzertifikat bescheinigte dem Inhaber, ausgezeichnetes Benehmen und einen genügend hohen Bildungsstand, beim Anhören von Musik sachverständigen und begeisterten Beifall zu spenden.

Unter den Instrumentalkünstlern taten sich die Katzen dank ihrer anpassungsfähigen Geschmeidigkeit und manuellen Geschicklichkeit besonders hervor und dominierten in der kulturellen Szene. Ebenso bestach ihre empfindsame Musikalität und berechtigte zu großen Hoffnungen im sich ausweitenden Musikleben des Tierreiches.

Mauritius war zur Zeit unbestritten der Welt bedeutendster Klaviervirtuose. Nicht nur als Pianist überragte er die Masse seiner Konkurrenten, nicht minder rühmte man seine umfassende Geistesbildung, die bereits den höchsten Entwicklungsstand erreicht hatte. Als einziges mißbilligte die Welt seine allgemein bekannte Liaison mit der gelben Angorakatze Anuschka, deren Fortbildungseifer trotz eigener, gegenteiliger Versicherungen sehr zu wünschen übrig ließ und noch ausgesprochen in den Kinderschuhen steckte.

Wie zu erwarten, wagte außer Anuschka in Anwesenheit von Mauruitius niemand mehr die Bemerkung, er sei bei aller Berühmtheit eigentlich ein Kater, stattlich, pechschwarz und mit einem prächtigen Samtschwanz geziert, aber eben ein Kater.

Dabei verdankte er seine Weltkarriere in Wahrheit eben diesem Schwanz, der seiner atemberaubenden Virtuosität erst letzte Brillanz und Raffinesse aufsetzte. Wenn seine samtweichen Pfo ... pardon, Hände, im höchsten Diskant des Flügels ein Feuerwerk perlender Läufe entfachten und im Baß gleichzeitig dazu seine Schwanzspitze die tiefsten Töne mit vollkommener Präzision und anmutigster, schlangengleicher Bewegung kontrapunktierte, seufzte das fortgeschrittene Publikum vor Rührung und Behagen.

Auch Anuschka starrte am Morgen der Generalprobe hingerissen auf den Samtschwanz, der seine virtuosen Künste ganz besonders gegen Ende eines jeden Werkes spielen ließ und deren Wirkung unerreicht blieb. Meist begann Mauritius diese kadenzartigen Darbietungen mit beiden Händen rechts oben auf der Tastatur, während sein Schwanz sich links unten in den tiefsten Regionen bewegte. Plötzlich fuhren seine beiden Hände in rasenden Abwärtsgängen unter Donnergetöse aus den himmlischen Höhen hinab in die Baßregion, wo der Schwanz regierte. Im letzten Moment, bevor ihn die heranbrausenden Hände von den Tasten wischen mußten, peitschte der fliehende Schwanz hinter dem Klavierschemel seinen berühmten Halbkreis nach rechts und brachte völlig überraschend hoch oben im Sopran ein Solo; meist eine einfache, rührend schöne Melodie. Dabei gelang es ihm nicht selten, nur mit der Schwanzspitze allein einen perfekten Triller zu schlagen, eine Technik, die keiner seiner Rivalen je imitieren konnte.

Mauritius wandte die von ihm erfundene Attraktion des Schwanz-Herumpeitschens stets mit der größten Berechnung an Sein Schwanz schlug immer dort die Tasten, wo seine Hände nicht waren. Von jubelnden Publikumsrufen angefeuert, zeigte er sich bisweilen hoch oben über seiner Schulter, in virtuosem Wechsel bald links, bald rechts, und tupfte seine zusätzlichen musikalischen Wunder in die Klaviatur, derweil seine beiden weit auseinader liegenden Hände die äußersten Grenzlagen des Instruments bearbeiteten.

Keiner, der diesen Genuß nicht selbst miterlebt, gehört und gesehen hat, vermag sich auch nur eine annähernde Vorstellung davon zu machen. Mauritius' Ruhm war noch immer im Steigen begriffen, die gesamte musikalische Tierwelt vergötterte ihn,

Anuschka betete ihn an – nur Mauritus selbst schien nicht glücklich.

Was mochte der Grund sein?

Sein rastloses Dasein? Das ständige Umherreisen und die nervliche Überbelastung? Oder das unentwegte Üben und Körpertraining, um in Form zu bleiben?

Seine Geliebte machte ihm oft Vorhaltungen.

„Warum bist du nicht raaaaasend glücklich? Wenn ich mir nur vorstelle, *wie* berühmt du bist! *Ich* wäre irrsinnig vor Stolz und Freude, so geschwind übers Klavier hüpfen zu können! Außerdem hast du mich! Ist das etwa nichts? Andere würden sterben vor Seligkeit, wenn sie mir nur einmal das Fell lecken dürften!"

Anuschka schoß aus ihren grünen Augen einen Blick auf ihn ab.

Richtig, der Pfeil saß, Mauritius runzelte die Stirn. Aber ach, er traf anders, als Anuschka gehofft hatte.

„ ... übers Klavier hüpfen ... das Fell lecken ... oh, deine Ausdrucksweise ...!" nörgelte er. „Wirst du denn niemals eine höhere Kulturstufe erreichen?!"
Allerdings war allein die Vorstellung gräßlich, ein Nebenbuhler würde es wagen, seine rosa Zunge auch nur andeutungsweise in Richtung auf Anuschkas gelben, unvergleichlich plüschigen Angorapelz zu lenken!

Aber der andere wunde Punkt war noch schlimmer: Da mühte er sich nun ab, alles zu vergessen und zu unterdrücken, was er gewesen und woher er gekommen war. Er stopfte sich mit Bildung, Anstand und höherem Wesen voll, studierte unermüdlich die großen Meisterwerke der überwundenen Menschheit – und worüber begeisterte sich sein Publikum? Über die musikalischen Effekte, die er mit seinem Schwanz erzielte. *Darüber*, und über nichts anderes! Da lag der Hase im Pfeffer! Was war mit ihm los? Wie konnte er an dieses gemeine und überholte Sprichwort denken! Aber was durfte er überhaupt noch denken? In seinem Gehirn wimmelte es in Wahrheit auch jetzt noch von Reminiszenzen an das, was unbedingt ausgemerzt werden mußte. Wenn das jemand ahnte!

Hätte er bloß nie den Firlefanz mit dem Schwanz angefangen! Aber es machte sich nun mal so wunderbar, klang verblüffend neuartig und war vor allem noch nie dagewesen!

Nur konnte man leider keineswegs von einem echten Mozart, Beethoven oder Brahms sprechen, wenn dauernd sein Schwanz mit diesen Mätzchen dazwischenfunkte. Und er wollte doch unbedingt ein Pianist sein, der originalgetreu die Noten der großen Menschenkomponisten interpretierte! Das tat er ja auch – nur seine Schwanzumrahmungen standen nirgends notiert. Wie hatten auch die Komponisten ahnen können, daß eines Tages ein Kater seinen Schwanz als dritte Hand zu Hilfe nehmen würde! Wer weiß, vielleicht hätten sie dann sogar ein Schwanzsolo hinzukomponiert!

So versuchte der große Mauritius sich zu trösten, wenn ihn die Verzweiflung übermannte. Oh, er würde noch verrückt werden! Was konnte er tun, um jenen Gipfel der Kunstausübung zu erreichen, auf dem das unselige Menschenvolk jahrhundertelang unangefochten gethront hatte?

Wie so oft in den letzten Monaten, versank Mauritius in tiefes Grübeln.

Selbst Anuschka bemerkte an jenem Vormittag in der Generalprobe sofort das finstere Aussehen ihres Geliebten. Sie saß vorschriftsmäßig aufrecht auf ihrem Stuhl, den Schwanz diskret über den linken Arm gelegt, wie es unter gebildeten Katzen üblich war. Obwohl sie ziemlich viel Zeit mit dem Kämmen und Putzen ihres Angorapelzes verschwendet hatte, konnte sie sich nur schwer bezähmen, nicht ständig mit ihrer Zunge aus dem Mund zu fahren, was streng verboten war, um bald hier, bald dort ihrem Fell den letzten Schliff zu geben.

Aber was erduldete man nicht um der Liebe willen! Wäre nur der Ausdruck ihres schwarzen Geliebten nicht gar so unwirsch gewesen!

Womöglich hatte er soeben erspäht, wie sie ganz rasch mit einer Pfote über ihr Ohr gefahren war, ein verdammenswertes Zeichen tierischer Unbildung! Es war zum Auswachsen. Nichts war mehr erlaubt. Wenn sie an die glücklichen Zeiten dachte, wo man einem gewissen Tier nachstellte, um es zu fress ... nein, sie durfte es nicht zu Ende denken.

„Schon ein einziger falscher Gedanke vermag unsere Weiterentwicklung empfindlich zu stören", pflegte Dr. Vogelsang seine Kursteilnehmer zu warnen.

Statt dessen verlangte man von jedermann, mit besagtem Tier befreundet zu sein.

Mit einer Maus befreundet! O wie tief war sie gesunken!

Anuschka erschrak und ermahnte sich leise: „Du bist zu weit gegangen, Nuschi! Ich will nicht noch einmal erleben, wie du von deiner besten Freundin, der Maus Anita Brinkmann, sprichst!"

All das wäre für sie von zweitrangiger Bedeutung gewesen, hätte sich Mauritius nicht so verändert in letzter Zeit: ewig gereizt und gekränkt, überempfindlich und – wie hieß noch das Wort? – blasiert, jawohl, blasiert.

Sie konnte sagen, was sie wollte, nichts paßte ihm.

Anuschka riß sich zusammen und wandte ihre Aufmerksamkeit dem Schwanz von Mauritius zu, der gerade begann, seine Hexenkünste in Beethovens c-moll Klavierkonzert spielen zu lassen. Aber ach, der Kater betrachtete seine umherwirbelnde Samtschlange mit unverhohlener Abneigung, ja, Abscheu. Am Schluß der Generalprobe konnte er sich kaum dazu zwingen, sich vor dem stürmisch applaudierenden Orchester mit freundlicher Miene zu verbeugen.

Glücklicherweise ahnte er nicht, daß diese Ovationen, wenn auch nur nach einer Probe und von Orchestermusikern dargebracht, die letzten sein sollten, die er auf dieser Welt erntete.

Nicht einmal der Anthropologische Garten, den er mit Anuschka im Anschluß aufsuchte, konnte ihn zerstreuen und aufheitern. Verdrossen starrte er auf das eingegitterte Menschenvolk, das gerade eine vom Elefantenwärter aufgetischte kümmerliche Mahlzeit verzehrte. ‚Himmel', dachte Anuschka, ‚wenn mein Mauritus bloß nicht so wird wie die muffigen, steifen Menschendinger in den Käfigen – ich weiß nicht, was ich dann tun würde! Schließlich bin ich eine Katze, jawohl, Katze, Katze, Katze!'

„Nun guck sie dir doch an, Mauri", sagte sie laut und aufrührerisch zu ihrem schweigenden Geliebten, „wie fürchterlich unelegant sie aufstehen und umhergehen, als hätten sie allesamt Spazierstöcke verschluckt! Möchtest du etwa so werden wie die da? Bilde dir ja nicht ein, daß du hübsch aussiehst, wenn du mit deinem neuen Spazierstock durch die Stadt hinkst, als hättest du mindestens zwei Beine gebrochen! Ich hassssssse deinen Spazierstock, und wenn ..."

„Pschschscht", zischte Mauritius beschwörend, „was redest du daher! Hörst du nicht, wie sie hinter uns schon lachen über dein dummes Geschwätz?!"

„Und warum lachen sie? Weil sie finden, ich habe recht! Gegen Regenschirme hab ich gar nichts einzuwenden", lenkte sie eilig ein, als sie die feine Zornesader auf seiner Stirn anschwellen sah. „Regenschirme sind nützlich, keine von uns Katz ... keine von uns mag Regen und Wasser! Neulich habe ich durch eine Zaunritze in unser neues Schwimbad gespäht, da schwammen doch wahrhaftig mehrere von uns im Wasser herum. Und die Heuchler taten auch noch so, als mache ihnen das Spaß!

Wenn es dich glücklicher macht, werde ich mir sofort einen Regenschirm kaufen, aber einen *Spazierstock* – das kannst du nicht verlangen!"

Sie warf ihrem Liebsten einen ängstlichen Seitenblick zu, aber das Unwetter brach schon los: „Du begreifst nichts, aber auch gar nichts! Eben weil Spazierstöcke keinen Sinn machen, wirken sie so hochzivilisiert! Hat denn unsere Kultur etwa irgendeinen Sinn?" Er fauchte vor Wut.

„Nein", stimmte Anuschka sanft und leicht tückisch zu. „Ich frage mich manchmal, wozu machen wir das eigentlich, ehrlich!" Rasch fügte sie hinzu: „Natürlich bewundere ich deine Kunst wahnsinnig, das glaubst du doch deinem Nuschilein?"

Sie setzte ein zärtliches Geschnurre in Gang. „Wenn du deine Schwanzsoli spielst, bin ich ganz weg! Keiner macht so herrliche Improvati... Impromotionen zu den klassischen Stücken wie du, glaub mir, Mauri!"

„Glaub mir doch", wiederholte sie kleinlaut und wich ängstlich einen Schritt zurück, als sie sah, wie er sich plötzlich auf alle Viere niederließ und einen höchst unmenschlichen Buckel hervorzauberte, während sein schwarzes Fell sich sträubte und seine kreisrunden Augen sie durchbohrten.

„Ich werde es dir zeigen, euch allen zeigen! Meine Schwanzsoli! O, ich bekomme Krämpfe! Nie hast du mich verstanden, Anuschka! Meine Schwanzsoli!"

Er schlug eine häßliche Lache an, und für einen kurzen Augenblick sahen die Menschen durch das Gitter zu ihm her, bevor sie fortfuhren, sich gierig die letzten Krümel von ihren Tischen streitig zu machen.

Inzwischen hatte sich Mauritius wieder auf zwei Beine erhoben, sein Buckel war verschwunden, und sein Pelz legte sich glatt.

Würdevoll breitete er seinen Schwanz über den linken Arm und stolzierte in seinem eleganten weißen Sommeranzug davon, den Spazierstock lässig mit einer schwarzen Samthand durch die Luft wirbelnd, und ließ Anuschka ohne ein Wort des Abschieds zurück.

Ihr erster Impuls war, ihm nachzujagen und ihn zu beißen, in seine Beine, seinen Nacken oder seine Ohren – egal wohin, nur möglichst tief.

Aber sie bezwang sich, sprang mit einem Satz auf das Eisengeländer vor den Menschen-Käfigen und lief dort in rasender Wut auf allen Vieren auf und ab.

Das aufbrandende Gelächter des Publikums vor den Gitterstäben war ihr gleichgültig, wahrscheinlich hörte sie es nicht einmal.

Ebensowenig erreichten sie die boshaften Bemerkungen einzelner Zuschauer: „Nun seht bloß die verrückte Angora ...! ...habt ihr den Streit mitbekommen ...?" Und: „Hop, hop, schneller, gelbe Plüschmadam! Fall nicht runter, und wenn, dann auf deine vier Pfoten! Hoffentlich hast du das noch nicht verlernt!" Oder: „Halt's Maul, Verzeihung, den *Mund*! Die Gelbe ist eine ganz Feine, und der Mann was ganz Berühmtes, hab sein Bild mal in einer Illustrierten gesehen, wie heißt er doch gleich? Irgendwas mit einer Briefmarke, ich komm nicht drauf!"

So ähnlich amüsierte man sich vor den Gittern, je nach Charakter und Bildungsstufe.

Hinter den Stäben raffte sich nur ein einziger Mensch zu einem kurzen Kommentar auf, während seine Leidensgefährten die Umgebung weiter nach Eßbarem absuchten: „Menschenskinder, und von sowas haben wir uns fertigmachen lassen ..."

Später konnte Anuschka keinerlei Angaben darüber machen, auf welche vermutlich sehr unschickliche Weise sie nach Hause zurückgefunden hatte. Ganz sicher war sie auf allen Vieren gerannt, sie entsann sich undeutlich diesbezüglicher Anpöbeleien auf der Straße. Den ganzen Nachmittag verbrachte sie mit wirren Überlegungen, ob sie das abendliche Konzert von Mauritius besuchen sollte, oder lieber Dr. Vogelsangs Fortbildungskurs im Museum für Menschenforschung, der um dieselbe Zeit begann. Anfänglich hatte sie sich felsenfest für den Kursus entschlossen.

„Nie will ich Em (=M.) wiedersehen", wütete und weinte sie vor sich hin.

Sie mochte nicht einmal seinen Namen mehr aussprechen und sie beherrschte inzwischen sicher das Alphabet. Aber dann sah sie ihn wieder vor sich, kurz bevor er sie verließ: mit gesträubtem Fell, glühenden, kreisrunden Augen und einem solchen Riesenbuckel, wie er ihn seit Jahr und Tag nicht mehr dargeboten hatte. Nie war ihr der Geliebte so schön erschienen wie just in diesem Augenblick! Sah er nicht fast so aus wie früher, als man noch nicht die lästigen Kleider und Anzüge tragen mußte?

„Was für lästerliche Gedanken", ermahnte sie sich. „Dr. Vogelsang wäre entsetzt über dich!"

Glücklicherweise entsann sie sich rechtzeitig, daß Dr. Vogelsang heute seine Philosophie-Vorlesung über Schopenhauer fortsetzen wollte. Und dieser Schopenhauer war ihr nun einmal ausgesprochen unsympathisch. Ehrlich gesagt lehnte sie Schopenhauer glatt ab, und mit beachtlicher Hellsichtigkeit wurde ihr bewußt: Bei gegenseitiger Bekanntschaft hätte Schopenhauer auch sie abgelehnt.

Wie er ja so ziemlich alles ablehnte, das Leben und die Frauen, vom Mäusefangen ganz zu schweigen. Und jedermann, der auf sich hielt, sollte sich umbringen oder so ähnlich. Gottlob war er selbst längst tot, und somit konnte er überhaupt nicht mehr mitreden.

Nein, von Schopenhauer wollte sie nichts hören, und heute schon gar nicht, auch nicht aus Dr. Vogelsangs zwitscherndem Mund.

Und so kam es, daß Anuschka, aufgeputzt wie nie zuvor, bereits eine halbe Stunde vor Beginn in der ersten Reihe des Konzertsaals saß, um das Sinfonie-Konzert zu hören, in dem Em (M.) Beethovens c-Moll Klavierkonzert spielte.

Das Konzert war ausverkauft, wie immer, wenn der berühmte Kater Mauritius auftrat.

Neben Anuschka hatte Anita Brinkmann, die Maus, Platz genommen.

Anuschka vermochte nur abgrundtief zu seufzen, bevor sie ihrer angeblich besten Freundin die Hand schüttelte und dazu ein falsches Lächeln aufsetzte.

Es kam eben alles zusammen.

Und wenn Anita tausendmal als hochbegabte Sängerin galt, sie war und blieb eine Maus. Nach einem schiefen Blick zum Podium, wo sich gerade das Orchester versammelte, murmelte Anuschka gehässig: „... ihr Mann wird auch immer mickeriger ..."

Der Mäuserich-Gatte bekleidete im Orchester die Funktion des Schlagzeugers, daß heißt, er bediente Triangel, Xylophon und Glockenspiel aufs Trefflichste, aber infolge seiner Schwächlichkeit schaffte er zusätzlich höchstens noch die kleine Trommel. Allgemein wurde gemunkelt, Anita unterhielte ein Verhältnis mit dem Dirigenten, um rascher Karriere zu machen.

Der Dirigent war ein gutgewachsener, riesiger Orang-Utan, und die ganze Geschichte somit reichlich unglaubwürdig.

Trotzdem diskutierte man die Möglichkeit gern und häufig, da sie eines gewissen pikanten Reizes nicht entbehrte.

„Seppel war von der Generalprobe heute morgen wild begeistert", zirpte Anita.

(‚Seppel': der Name des Orang-Utan, nicht etwa der des Gatten. Anm. d. Verf.)

„Die finalesken Schwanzsoli von Mauritius" – Anita benutzte gern Fremdwörter aus ihrer Eigenproduktion, die niemand widerlegen konnte – „hätten wie stets die gesamte Weltelite zu Regenwürmern degradiert!"

Sie blickte Anuschka aus ihren kleinen Mäuseaugen anbetend an; die Freundschaft mit der Angorakatze und Geliebten des hochberühmten Pianisten hob ihr eigenes, von der sängerischen Leistung abgesehen, bescheidenes Mäuse-Image gewaltig.

„So, so, ja, ja." Anuschka war an Anitas Ausführungen uninteressiert. Sie überlegte intensiv, ob sie ins Gefängnis käme, wenn sie auf die Bühne spränge und Mauritius bei seinem Auftritt in seinen vielgepriesenen Schwanz bisse.

Aber als der Pianist auf dem Podium erschien und sich auf dem Klavierschemel niederließ, wurde ihre Aufmerksamkeit sofort abgelenkt.

Anfänglich war sie sich nicht im klaren, was sie eigentlich irritierte. Offensichtlich ging es dem Publikum hinter ihr ähnlich, und leichtes Getuschel hinter vorgehaltenen Händen verhinderte im Saal die übliche, erwartungsvolle Stille vor dem Beginn, die Stille, welche den ganzen Stolz der kultivierten Tierwelt ausmachte. Dann durchzuckte Anuschka ein wilder Schmerz. Der Schwanz, um Himmelswillen, wo war sein Samtschwanz geblieben?

Aber fast sofort atmete sie erleichtert auf.

Mauritius hatte beim Niedersetzen wie üblich die beiden Frackschöße mit einer schwungvollen Bewegung nach hinten gefegt, wobei sich sein Anzug ein wenig verschob. Und da sah sie ihn:

Mauritius hatte seine ‚dritte Hand' (wie sie oft in Presseberichten genannt wurde) unter einem Frackschoß hindurch nach vorn in seine rechte Hosentasche eingefädelt, wo sie für sein Publikum so gut wie unsichtbar war.

Was soll das? dachte Anuschka verblüfft, aber noch arglos, ein neuer Gag?

Das Klavierkonzert begann mit einer langen Orchestereinleitung, und Anuschka paßte leider wie üblich nicht auf, bis Mauritius mit seinem Solo einsetzte.

„Du liebe Ziege, wie langweilig Mauritius heute spielt", murrte sie nach einigen Minuten und zerdrückte ein Gähnen mit vornehm vorgehaltener Hand, „liebe ich ihn womöglich nicht mehr?"

Erschreckt fuhr sie hoch. „Aber nein, natürlich nicht! Ich hasse ihn doch! Abgrundtief! O wie ich ihn hasse, abgöttisch! Wenn er doch mit dem Klimpern aufhören wollte und sich neben mich setzte, einfach so, obwohl ich ihn natürlich sofort beißen würde."

Anuschkas Gedanken irrten unkonzentrierter denn je umher.

Eigentümlicherweise schien im Verlauf des Konzertes auch das übrige Publikum nicht so mitgerissen wie sonst. Aus den rückwärtigen Reihen hörte man gegen Ende des ersten Satzes sogar halblaute Unterhaltungen. Anuschka drehte sich empört um: Natürlich waren es Dromedare, Zebras und Trampeltiere, die keine Ruhe hielten! Warum ließ man sie überhaupt herein? Aber es gab keine gesetzliche Handhabe gegen sie, seit auch sie mit den ‚Reifezeugnissen für Kultur' in der Hand dreist und ungeniert Einlaß forderten. In der Presse wurde sogar als großer Fortschritt gerühmt, daß sich endlich auch Kamele für die Kunst begeisterten.

Allerdings wies man ihnen vorläufig nur die allerletzten Saalreihen zu, gleich hinter den Flußpferden, Nashörnern und Alligatoren.

Nun hatte man den Salat!

Wohlgefällig vernahm Anuschka, wie ein Elefantenwärter nach hinten trampelte und unter schimpfendem Trompeten leichte Hiebe mit dem Rüssel austeilte, bis Gekicher und unziemliche Reden vorerst erstarben.

Trotzdem hing eine fortwährende Unruhe im Raum, und nur zu bald erriet Anuschka die Ursache: Die Schwanzumrahmungen ihres Katers blieben aus. Als auch der zweite, langsame Satz vorüberging, ohne daß ein einziges sehnsüchtiges Schwanzmotiv mit eingestreuten Trillern die Beethovensche Musik bereichert hatte, begann Anuschka, sich ernstlich Sorgen zu machen.

Gleichzeitig geschahen weitere Ungeheuerlichkeiten. Schon vor dem Ende des langsamen Satzes unterhielten sich die Zuhörer laut schnatternd, und selbst als der Oberelefantenordnungshüter ein donnerndes „Ruhe, meine Herrschaften!" in den ergreifenden Satzschluß brüllte, erzielte er damit keinerlei Wirkung.

Und bei der Wiedergabe des bisher so beliebten und populären Schlußsatzes mischten sich in die jetzt völlig hemmungslos geführten Unterhaltungen Zurufe wie: „Stümper! Langweiler! Hochgestochener Affenpinkel!" Bei der letzten Beleidigung winkte Anuschka gebieterisch einen Türsteher herbei, der sogleich voller Wichtigkeit ein sich nur schwach sträubendes Wildschwein aus dem Saal wies, nachdem er von dem Übeltäter eine saftige Strafgebühr wegen ‚Verleumdung einer anderen Tierrasse' kassiert hatte.

Keineswegs aber wegen ‚Verleumdung des Solisten', der oben auf dem Podium verachtet und verhöhnt zum ersten Mal in der Geschichte der Tierheit den Versuch unternahm, sein Konzert schwanzlos und originalgetreu zu Ende zu führen.

Kurz vor Konzertschluß hörte Anuschka hinter sich ein erregtes Trippeln vieler Füße im Mittelgang: Eine Schar geckenhaft gekleideter Lamas, zweifellos im Halbstarken-Alter, stürmte bis dicht vor das Podium und sprühten von dort eine breitgefächerte Spuckfontäne in Richtung des Pianisten.

Mauritius blickte verwirrt von den Tasten hoch, obwohl ihn der Sprühregen nicht erreichte. Als Folge spielte er mehrere falsche Akkorde, die sogar Anuschkas nicht allzu sensible Ohren kränkten.

Mit einem Satz sprang sie dem nächsten Lama auf den welligen Rücken und zerkratzte ihm mit ausgefahrenen Krallen sein Gesicht, worauf es heulend und spuckend den Rückzug antrat, während Anuschka bereits das nächste Lama bearbeitete. Aber obwohl es ihr gelang, in rasender Eile sechs der Rädelsführer außer Gefecht zu setzen, konnte sie das hereinbrechende Chaos nicht mehr aufhalten. Sie war noch damit beschäftigt, einem unschuldigen Schaf, das zu den wenigen auf ihren Stühlen ausharendenTieren gehörte, in die Wolle zu fahren, (das arme Ding hatte gar nicht begriffen, worum es ging) als die tierisch verrohte Masse bereits das Podium stürmte. Im letzten Moment flüchteten Mauritius, der Dirigent und sämtliche Orchestermusiker in wilder Panik von der Bühne. Den Schlußakkord des Konzertes blieb Kater Mauritius seinem Abgott Beethoven für immer schuldig.

Eine Stunde später saß Anuschka zu Hause und leckte ihre Wunden. Sie war so erledigt, daß sie vorläufig nichts Vernünftiges denken konnte.

Schließlich griff sie zum Telefon, versuchte, sich auf die Zahlen zu konzentrieren und rief das Hotel an, in dem Mauritius zu logieren pflegte.

Ohne Erfolg.

Der Herr sei Hals über Kopf abgereist. Nein, er habe nichts für die Dame hinterlassen, auch keine neue Adresse. Es täte ihnen leid. Nein, gar nichts.

Nach dieser bedrückenden Auskunft nahm Anuschka zwei Schlaftabletten, goß sich eine halbe Flasche ihres Nervenstärkungsmittels, die Krönung ihrer spärlichen Zivilisationsneuerwerbungen, in den Hals und ging, leise vor sich hinschluchzend, zu Bett.

Die Presseberichte am anderen Vormittag hoben ihre Stimmung sprunghaft.

Das Verhalten des Publikums wurde aufs schärfste verurteilt. Mit höchstem Lob bedachte man eine feurige Angorakatzenschönheit, welche sich amazonengleich (Anuschka schlug das Wort sofort in Brockhausens ‚Lexikon für die gebildete

Tierwelt' nach), wenn auch nicht mit den delikatesten Mitteln, auf die enthemmte Masse gestürzt habe, um sie zur Ordnung zurückzuführen.

Einesteils jammerten die Kritiker, dieser Abend habe die Tierheit um Jahre zurückgeworfen, um im nächsten Atemzug Mauritus, den besten Klavierspieler der Welt, unter großen Lobeshymnen zu ermuntern, auf dem steinigen Pfade zur letzten künstlerischen Reinheit weiterzuwandern.

Anuschka war ob dieser Ausführungen sehr bewegt.

Trotzdem regten sich in ihrer Brust merkwürdige, ketzerische Gedanken.

Wenn es gestern nun nicht speziell um Mauritius, sondern um einen anderen Pianisten gegangen wäre, hätte sie dann auch Partei für ihn ergriffen und sich auf die so prächtig spukkenden Lamas geworfen, um sie erfolgreich in die Flucht zu schlagen?

Anuschka wurde immer verwirrter, je weiter sie ihre Gedankengänge ausspann. Zum Schluß maunzte sie still vor sich hin und wußte nicht mehr aus noch ein.

Erst nachdem sie stundenlang ihr Fell gekämmt und geleckt hatte, bis es Funken zu sprühen schien, kam sie ein wenig zur Ruhe.

Aber auch in der folgenden Nacht schlief sie keine Minute.

In den nächsten Wochen hörte sie von Mauritius nichts.

Kein Sterbenswörtchen.

Umso gieriger verschlang sie sämtliche Zeitungsberichte über seine Kozerttournee, die er versuchte, ohne Zusatz-Soli zu Ende zu führen. Seine Mißerfolge steigerten sich von Konzert zu Konzert, obwohl die Presse überall geradezu ehrfürchtig seine vergeistigte Kunstauffassung pries.

Aber das Publikum meuterte, ohne das geringste Kunstverständnis, und benahm sich jedesmal flegelhafter. Fast jedes Konzert mußte vorzeitig abgebrochen werden.

Nicht nur diese bedauerlichen Nachrichten aus der Kunstwelt, auch andere Vorkommnisse begannen die Regierung zu beunruhigen. So hatte auf einem Sportplatz ein Rhinozeros, das für seine Leistungen im Kugelstoßen berühmt war, plötzlich und ohne jegliche Vorwarnung den Trainer, einen anerkannt tüchtigen Dackel, statt der Kugel hochgehoben und dreißig Meter weit geschleudert. Leider hatte das Rhinozeros anschließend nicht die Spur von Reue gezeigt und als einzigen Grund für sein Fehlverhalten angegeben, der Hund habe ihn schon immer geärgert. Es bereite ihm weitaus mehr Vergnügen, einen Hund zu schleudern, als eine langweilige Eisenkugel.

Gewiß, nun saß es wegen Körperverletzung hinter Gittern, aber ein derartiger Übergriff wäre noch vor wenigen Wochen undenkbar gewesen.

Das war der Beginn eines Zusammenbruchs, der unvorstellbar rasch immer weitere Kreise zog. Und als der allseits geschätzte Dr. Vogelsang ermordet wurde, regte sich bereits niemand mehr sonderlich darüber auf.

Nein, nein, Anuschka, hatte ihn nicht aufgefressen! Aber wenn Sie schon fragen: Anuschka las über den Mord in der Zeitung mit einer, ich wage es kaum niederzuschreiben, leisen Anwandlung von Neid auf die unselige Mörderin. Anuschka war zwar bedrückt über dieses Gefühl, aber es ließ sich einfach nicht verdrängen. Anderen Mitbürgern erging es ähnlich, und die von Dr. Vogelsang ehedem so sorgfältig geschulten Gewissensbisse verflüchtigten sich sehr rasch, bis sie nur noch belächelt wurden.

Die Katastrophe war nicht aufzuhalten.

Die Fortbildungsschulen blieben leer, man hörte nur noch abfällige und lästerliche Bemerkungen über ihre Daseinsberechtigung.

Als nächstes wurde eine oppositionelle Partei gegründet, die sich rasend schnell ausbreitete und deren Mitglieder auffallende grüne Abzeichen trugen. Im genauen Wortlaut hieß sie: ‚Rousseausche Partei für die Rückführung zur Natur', abgekürzt RNP (Rousseausche Naturpartei). Wie man sieht, trugen die Fortbildungskurse hier ihre letzten, wenn auch leicht wurmstichigen Früchte.

Nach langen, qualvollen Überlegungen wurde auch Anuschka Mitglied.

Und siehe: Endlich gewann sie ihren Seelenfrieden wieder.

Der endgültige Sturz der bisherigen Regierung erfolgte schneller als von den meisten erwartet und blieb bemerkenswert unblutig. Das gesamte Staatswesen löste sich in verblüffend kurzer Zeit auf.

‚Zurück zur Natur!' jubelten die Massen.

Und wehe dem, der wie der selige Dr. Vogelsang zur unrechten Zeit dabei das Wort ‚Rückfall' benutzte! Trotzdem kamen bei allem Chaos, aller Unordnung und Verwirrnis verhältnismäßig wenige wirkliche Ausschreitungen vor. Die Ermordung Dr. Vogelsangs galt als die verabscheuungswürdigste aller Untaten und wurde von manchen Tierarten sogar verdammt. (Es muß wohl kaum erwähnt werden, daß es sich dabei hauptsächlich um Vogelarten handelte).

Die Imitationen menschlicher Einrichtungen und Erfindungen wurden kaum noch benutzt und verfielen zusehends.

Man brauchte sie nicht mehr.

Die meisten Tiere waren froh, ihren überbeanspruchten Geist wieder herunterschrauben zu dürfen und genossen die neue Blüte ihrer so lange unterdrückten Instinkte.

Ich muß wohl nicht beteuern, daß auch Anuschka zu diesen ‚meisten Tieren' zählte. Trotzdem – was hätte sie darum gegeben, wenn Postämter und Telefonhäuschen noch in Betrieb gewesen wären! Ach, wie liebend gern hätte sie hunderte der schwierigsten Nummern gewählt, um mit Mauritius Kontakt aufzunehmen! Wo nur mochte der so schrecklich Hochentwickelte sich jetzt aufhalten?

Saß er womöglich ganz allein an seinem Flügel und spielte fanatisch nur noch mit seinen beiden Pfoten? (Keiner gebrauchte mehr das Wort ‚Hände'.)

Panische Furcht überfiel sie. Wer wollte überhaupt noch Musik hören?

Und selbst wenn er in diesen Wochen des Umsturzes zu seinen virtuosen Schwanzsoli zurückgekehrt wäre – alle hätten nur über ihn gelacht, anstatt ihm andachtsvoll zu lauschen. Sie hätten sich gebogen vor Lachen; die einzige rein menschliche Gefühlsäußerung war ihnen so in Fleisch und Blut übergegangen, daß sie sich mit aller Macht sträubten, sie aufzugeben.

Die in den Käfigen der Anthropologischen Gärten lebenden Menschen hatten das Lachen allerdings seit langem verlernt.

Man hatte sie vergessen.

Sie interessierten keinen mehr, und man erinnerte sich nur ungern an ihr Noch-Vorhandensein. Das Füttern und Tränken wurde höchst unzureichend durchgeführt, bald vergaß man auch das.

Da erst wachten die Menschen aus ihrem Dahindämmern auf. Brüllend vor Hunger und Durst rüttelten sie an ihren Gitterstäben, und siehe: Die meisten Käfigtüren gaben sofort nach; seit Jahren hatte keiner versucht auszubrechen.

Die Tierwelt war im Augenblick so stark mit sich selbst und ihren neuen Problemen beschäftigt, daß sie kaum bemerkte, wie der Mensch wieder in die Städte einzog, noch stumpf und geschlagen, ungläubig und hoffnungslos, aber frei.

Sie erschienen in kleinen Grüppchen und nisteten sich vorsichtig in ihren verlassenen und verfallenden Häusern ein: scheu, gebückt und den Tieren gleichend.

Doch schon bald richteten sie sich auf und erinnerten sich, wer sie waren, gewesen waren.

Aber erst als durch reine Unachtsamkeit eines Menschen aus Versehen ein Gewehrschuß fiel, besannen sich seine Genossen auf ihre scheinbar menschliche Bestimmung, die Welt aufs neue durch Krieg, Mord und Schuld zu beherrschen.

Sie rotteten sich zusammen, wählten einen Anführer und proklamierten den Großen Freiheitskampf.

Sie ahnten nicht, daß es um einen Gegner ging, der nicht mehr begriff, warum er die Menschenrasse je hatte vernichten wollen. Und noch während die Menschen nach diesem ersten Schuß, der ein unschuldiges Kaninchen getötet hatte, mit angelegten Gewehren dastanden, um den erwarteten wütenden Widerstand des Gegners niederzumachen, strömten in endlosem Treck zahllose Tiertrupps fluchtartig und kampflos aus den Städten und Dörfern. Die Menschen warteten viele Stunden auf den Gegenangriff, aber nichts geschah.

Da sanken die Gewehre herab.

Der Große Freiheitskampf war zu Ende, noch bevor er begonnen hatte.

Zum ersten Mal in der durch Kriege gezeichneten Weltgeschichte fand sich kein Gegner.

Inzwischen hatten sich die verwandten Tierrassen zu Gruppen zusammengeschlossen und strebten in schnellem Lauf oder auch mühsamer Kriecherei, den Wiesen und Wäldern zu.

Fast alle der in den Städten zurückgebliebenen Tiere gehörten zu der, wie man sie früher nannte, hochentwickelten Schicht der Gebildeten. Sie hatten Kultur und Bildung der Menschen am stärksten in sich aufgenommen, und sie flohen zuletzt, flohen am armseligsten, da ihr Instinkt noch nicht vollständig wiederhergestellt, und ihre menschliche Bindung am stärksten war.

Zu diesen intellektuellen Spätflüchtlingen zählte, wie könnte es anders sein, auch Mauritius.

Daß sich auch Anuschka unter ihnen befand, erscheint nur so lange unbegreiflich, wie man die Gründe für ihr Zögern nicht kennt.

Bis zuletzt hatte sie auf ein Lebenszeichen ihres Geliebten gehofft. Wieviel lieber wäre sie, ihrer ängstlichen Natur gemäß, gleich mit den ersten Flüchtigen aus der Stadt entwichen, um sich so rasch wie möglich in eine Wildkatze zurückzuverwandeln, hatte sie erst die Wälder erreicht! Daß sie dort Mauritius nicht suchen dürfte, war ihr leider nur allzu klar. Darum harrte sie bis zum Schluß in der Stadt aus, zitternd vor Furcht und allmählich verzagend.

Als sie mit dem letzten Katzentrupp, traurig vor sich hinmaunzend, die Stadtgrenze endlich hinter sich gebracht hatte, blieb sie immer mehr zurück.

Sie war zu verwöhnt und konnte einfach nicht mehr.

Das Zufußgehen behagte ihr gar nicht und war ihr noch nicht wieder geläufig. So hinkte sie bald allein hinter ihrer

Gruppe her. Ab und zu warf sie neiderfüllte Blicke auf vorüberziehende Tiere, die noch im Besitz eines Wagens waren.

Dabei handelte es sich natürlich nicht um Autos (denn wer beherrschte schon noch die Kunst des Autofahrens), sondern um einfache vierrädrige Karren, die abwechselnd von einem Tier der jeweiligen Gruppe gezogen wurden, während die übrigen sich im Inneren erholten.

Keiner achtete auf Anuschka, keiner forderte sie auf einzusteigen. Wehklagend humpelte sie dahin, noch nie im Leben war sie sich so verlassen vorgekommen.

Mit mattem Blick kroch sie an der großen Kreuzung vorbei, wo die Ausfallstraße der Hauptstadt einmündete. Immer häufiger lagen am Straßenrand Wagen der einstmals Reichen, die erkannt hatten, wie wenig es sich lohnte, das nutzlos gewordene Hab und Gut in die grüne, lockende Wildnis mitzuschleppen. So ließen sie die Karren an der Straße stehen und zogen weiter – auf der Flucht und doch nicht auf der Flucht.

Die Tiere zogen heimwärts.

Als Anuschka die ersten verlorenen Töne durch die hereinbrechende Dämmerung schwingen hörte, blieb sie mit steil aufgerichteten Ohren und kreisrund aufgerissenen Augen sofort stehen. Dreimal kniff sie ihre grünen Augen fest zu und riß sie jedesmal noch ein wenig weiter auf, bevor sie glaubte, was sie sah:

Mit den zwei Vorderrädern tief in den Graben abgesunken, stand da ein riesiger Leiterwagen. Auf dem notdürftig mit einer Plane bedeckten Gefährt hing halb herausgerutscht ein großes, dunkles Möbel.

Wie nannte man es doch gleich? War der Name nicht ähnlich wie ein Huhn? Oder ein Vogel? Eine Kralle? Das war's: Natürlich ein Vogelflügel, ein *Flügel*, so hieß das Ding! O, ihr Gedächtnis war immer noch in Ordnung!

Ein Baumstumpf hatte den totalen Sturz des Instruments in den Graben verhindert und sich ähnlich wie weiland ein Klavierschemel dicht vor die Klaviatur geklemmt.

Auf dem Baumstumpf aber saß eine schwarze, trübselig geduckte Gestalt und tupfte müde mit seinen Pfoten mal hier, mal dort eine Taste an.

Das Tupfen ergab nichts rechtes. Keine einzige Melodie kam zustande, und von Virtuosität konnte schon gar nicht die Rede sein.

Auch schien hinter den Bemühungen des Spielers kein wahres Interesse zu stecken, oder lag es einfach daran, daß er völlig erledigt war?

Wie auch immer: Es war Mauritius, der dort auf dem Baumstumpf saß, Mauritius, nicht mehr ganz so stattlich und groß wie einst (in seiner Menschenzeit hatte seine Größe die eines ausgewachsenen Panthers erreicht), aber Mauritius, ein Kater durch und durch.

Als Anuschka sich aus ihrer Versteinerung löste, hüpfte sie mit einem riesigen Sprung von hinten auf den Wagen und erklomm trotz ihrer Erschöpfung scheinbar mühelos den glatten, schrägen Flügeldeckel. Mit einem weiteren Satz landete sie auf den Tasten und lief darauf wie eine Wilde auf und ab, worauf das gequälte Instrument mit einer mißtönenden Klangorgie reagierte.

Bei ihrem sinnlosen Hin- und Herrasen warf Anuschka ängstliche und zugleich erwartungsvolle Blicke auf Mauritius und wartete zitternd, wie er ihren künstlerischen Frevel ahnden würde.

In ihrer ersten verliebten Zeit hatte sie ihn des öfteren speziell durch diese Aktion bis zur Weißglut gereizt. Später wagte sie nie mehr, auch nur eine Taste anzuschlagen, geschweige denn, amusisch und frivol das Heiligtum seiner geliebten Kunst zu entweihen.

Auch jetzt war der Geliebte schreckhaft zurückgezuckt, sein Fell sträubte sich, seine Augen glühten wie zwei Kohlen in der zunehmenden Dunkelheit, und sein Rücken wölbte sich zu einem furchterregenden Buckel – genau wie damals im Anthropologischen Garten, kurz bevor er sie verließ.

Anuschkas Herz klopfte zum Zerspringen, gleichzeitig steigerte sie in enthemmter Verzweiflung die Geschwindigkeit ihres provozierenden Gehüpfes.

Plötzlich sprang Mauritius von seinem Baumstumpf mit einem gewaltigen Satz in die Luft und schlug dabei seine Vorderpfoten in echt menschlicher Gebärde über sich zusammen. Dabei lachte er zum letzten Male – ein erlöstes, von aller Kultur und Unnatur befreites Lachen.

Noch während er auf seine vier Füße zurückfiel, verstummte sein Gelächter.

Für immer.

Stattdessen fauchte er zärtlich und jagte mit seiner Liebsten die Klaviatur hinauf und hinunter. Endlich ließen sich beide auf den Tasten nieder, er auf dem tiefsten Baß, sie auf dem höchsten Diskant.

Und als Stunden später die letzten Nachzügler vorübertrotteten, saßen sie immer noch dort in der bewährten Hockerstellung der Katzen, sich nach uralter Katzensitte anstarrend und mit den Augen vor Liebe auffressend.